복음을 살다

얼마 전 구원받은 목사의
유쾌한 자기폭로
복음을 살다

초판 1쇄 발행 2022년 3월 25일

지은이	주 언
발행인	김용성
기 획	박찬익
편 집	조은샘
디자인	김애영 권기용
제 작	이인애
보 급	정준용 이대성 박준호
펴낸곳	요단출판사
등 록	1973. 8. 23. 제13-10호
주 소	(07238) 서울특별시 영등포구 국회대로76길 10
기 획	(02)2643-9155
보 급	(02)2643-7290 Fax(02)2643-1877

값 15,000원
ISBN 978-89-350-1939-7   03230

ⓒ 2022. 요단출판사 all rights reserved.

얼마 전 구원받은 목사의 유쾌한 자기폭로

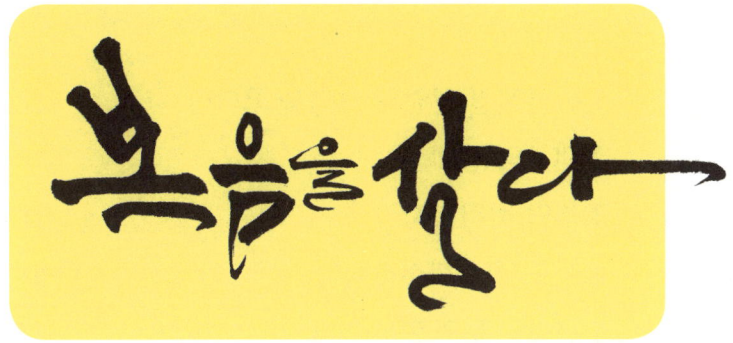

주언 지음

요단
JORDAN PRESS

CONTENTS

프롤로그

PART 1 회개행전

1 위선적인 신앙과 작별을 고하다	13
2 재규의 장례식	17
3 주만 바라볼지라	21
4 전도사님 죄송합니다	27
5 선악과를 만드신 이유	33
6 고아의 아비, 예배자가 되다	37
7 불의한 청지기? 지혜로운 청지기!	41
8 빚진자의 특별한 동정	45
9 낡은 운동화와 건축헌금	51
10 두 과부의 서로 다른 믿음	56
11 회개로 사역하라	60
12 보혈의 참된 의미와 기능	63
13 하나님의 뜻대로 하는 근심	66
14 순두부찌개	72
15 하나님의 성품에 참여하는 목사 되기	76
16 자기부정과 성실의 상관관계	81
17 성도의 고난과 은혜 갚기	84
18 열매 맺는 삶	90

2 PART 천국은 마치

19 천국의 거처   97
20 예배에서 연유되는 성도의 구원   103
21 예배의 연속성 (1)   109
    다 같은 신령한 음식을 먹으며(고전 10:3)
22 예배의 연속성 (2)   114
    주야로 묵상하는도다(시 1:2)
23 하늘에 투자하는 신앙   120
24 천국의 차등화 (1)   124
25 천국의 차등화 (2)   128
26 육체의 부활   134
27 천국의 중심원리와 탈 본토 친척 아비집   141

PART 3 약할 때 강함되시네

28 결혼에 성공하다 — **149**
29 등을 돌리신 이유 — **154**
30 권찰님 미안합니다 — **160**
31 창조주 놀이에 사로잡힌 인간들 — **163**
32 할례의 역행과 하나님의 위로 — **168**
33 어린아이로의 회귀 — **174**
34 사울과 다윗의 대척점 — **177**
35 오직 성령이 너희에게 임하시면 — **181**
36 누구를 위한 기념비인가? — **186**
37 친구 따라 강남 간다? 친구 따라 천국도 간다! — **191**
38 내가 주를 보나이다 — **196**
39 약함이 축복인 이유 — **200**
40 질그릇에 담긴 보배 — **208**

PART 4 구별

- **41** 날마다 죽고 다시 사는 사람 **215**
- **42** 네가 어디 있느냐? **219**
- **43** 나도 가룟유다가 될 수 있다 **225**
- **44** 피조물의 자리로 돌아오라 **228**
- **45** 성도의 이혼과 재혼 **232**
- **46** 롯의 처를 기억하라 **239**
- **47** 내 가정을 초월한 신앙 **244**
- **48** 더 존귀한 자 **249**
- **49** 죽는 자들은 복이 있도다!(계 14:13) **252**
- **50** 사랑의 증거 **256**
- **51** 누구의 말을 들을 것인가? **259**
- **52** 롯의 뒤틀린 영성 (1) **263**
- **53** 롯의 뒤틀린 영성 (2) **268**

에필로그

prologue 프롤로그

　오랜 시간을 성직자로 살았건만 나는 교회 안과 밖의 삶이 유난히 다른 내 모습에 실망할 때가 많았다. 교회에서는 늘 경건한 목회자의 모습을 유지하기 위해 노력하였고, 설교도 그럴듯하게 경건과 성결을 강조하였지만, 교회를 나가면 세상 사람들과 별반 다름없는 가식적인 모습을 하기 때문이었다.

　어느 날, 나는 사도행전에 기록된 초대교회의 태동과 성장을 확인하면서 큰 감명을 받게 되었다. 삯꾼 목자에 불과했던 나에게 하나님께서는 말씀을 통하여 경종을 울리셨다. 그렇게 나는 하나님의 말씀에 이끌려, 살고 있던 집을 팔아 초대교회를 벤치마킹한 신앙공동체를 개척하기에 이르렀다. 말이 좋아 개척이지 그것은 역동적이고 영성 깊은 신앙생활을 갈망하는 내 영혼의 돌파구였다. 하지만 그렇게 좋은 취지로 시작한 모험은 늘 크고 작은 문제를 겪어야만 했다. 그리고 하나님께서는 그러한 고난과 역경을 통해 내가 참다운 회심에 이를 수 있도록 성령을 부어주셨고 나아가 자신의 실존을 드러내시어 연약한 내 믿음을 승화시키셨다.

　성직이란 말을 함부로 써서는 안 되는 것처럼 성도란 말 역시 가볍게 써서는 안 된다고 생각한다. 성도란 경건을 소망하여 세속에서 구별된 사람들을 일컫는 말 아니던가. 그리고 그러한 성도의 생활은 교회를 떠나 세상 속에서도 하나님을 향한 믿음의 모습으로 나타나야 한다. 하지만 그동안 여러 교회를 섬기며 내가 바라본 성도들의 모습은 지난날 이질적이었던 나의 신앙과 별반 다른 것이 없었다.

나는 삶이 예배가 되는 참된 신앙생활 속에서 내가 경험했던 하나님의 은혜들을 이 책을 통해 소개하고자 용기를 내었다. 이 책이 나올 수 있도록 애써준 에벨교회의 성도들과 문서선교의 귀중한 사역을 감당하고 있는 요단출판사에 감사를 드린다. 부디 많은 성도가 교회 밖 삶에서까지 하나님을 앙망하며 하나님의 살아계심을 몸소 체험하길 기원해 마지않는다.

LIVING THE GOSPEL

1 PART

회개행전

> " 이 때부터 예수께서 비로소 전파하여 이르시되
> 회개하라 천국이 가까이 왔느니라 하시더라 "
>
> 미대복음 4:17

위선적인 신앙과 작별을 고하다

저는 꽤 운 좋은 사람이라는 생각이 듭니다. 나름 유복한 가정에서 태어나 유별나게 신앙 생활하시는 부모 밑에서 자라며 자연스레 신학도의 길로 접어들게 되었고, 비교적 이른 나이에 사랑스러운 배우자를 만나 단란한 가정도 꾸렸으니 분명 하나님께 큰 축복을 받은 사람이라 하지 않을 수 없습니다.

그러나 문득 무언가 잘못되어가고 있다는 걸 깨달았을 때는 어리석게도 아주 오랜 시간이 지난 후였습니다. 하나님을 영화롭게 하는 것이 사람의 존재 이유임을 알고 있음에도 불구하고 그러한 하나님의 계획하심과는 아무런 관계없는 삶을 살아가고 있었던 것입니다. 차라리 일찍이 성직자의 감투라도 벗어 버리고 다른 길을 택했었더라면 그나마 죄책감이라도 덜했을지 모를 일입니다. 하지만 입에 풀칠이라도 할 요량으로 늘 경건한 체하며 강단에서 그럴듯하게 설교를 떠들어대는 삯꾼 목사의 일을 포기하지 못하고 이어왔습니다. 신학을 전공했으나 그것이 신앙으로 이어지지 않은 것이 죄악의 화근이었습니다. 성도들이 눈앞에서 멀어져 보이면 하나님을 무시하기 일쑤였고, 주님으로부터 유리된 세상 사람들과 별반 다름없는 삶이 계속되었습니다. 그렇다고 저를 향하신 하나님의 신실하신 섭리가 완전히 포기된 것은 아니었습니다.

한 교회의 부목사로 학생회를 섬기고 있던 어느 날, 하나님께서는 모양만 목사였던 알량한 저를 찾아오셨습니다.

그 시절 늘 예배 분위기를 망가뜨리는 한 학생이 있었는데, 이제야 말할 수 있지만, 그 학생은 다름 아닌 담임 목사님의 아들이었습니다. 교회 생활에 모범이 되시는 부모님의 모습과는 반대로 예배 태도와 교회 안에서의 행실이 항상 삐딱했고 눈에 거슬렸습니다. 여러 번 주의도 주었지만 달라질 기미가 보이지 않았습니다.(솔직히 녀석만 보면 화가 치밀어 올라, 마음 같아서는 한 대 쥐어박고 싶을 정도였습니다).

한번은 진지하게 대화라도 나누어 볼 생각으로 식사 자리를 마련했는데, 그때 예기치 않은 충격적인 고백을 듣게 되었습니다. 불편해하고 어색해하던 녀석은 담임 목사인 아버지의 위선적인 행동에 신물이 난다며 일반적으로 성도들이 느끼는 목회자의 인자한 모습 그 이면에 감추어진 이야기를 꺼내기 시작했던 것입니다. 강단에서 거룩함과 화목을 강조하는 아버지는 가정폭력을 행사하는 일을 멈추지 않았고, 누구보다 세속적이라는 사실을 토해냈습니다.

그 이야기를 듣는 순간, 무엇인가에 뒤통수를 강타당한 듯한 충격이 제 영혼을 흔들었습니다. 한쪽 귀로는 녀석을 이해하는 척하며 고민을 들어주었지만, 그 한 마디 한 마디가 제 심장을 후비고 양심을 괴롭게 하였습니다. 하나님께서 무늬만 목사였던 저에게 어린아이의 입술을 통해 청천벽력 같은 메시지를 던지신 날이었습니다.

그때부터였습니다. 집 근처 야산에 올라 이름 없는 무덤에 기대어 뒹굴며 두려움에 떨었습니다. 그러나 어디에도 숨을 곳은 없었습니다. 신자들에게는 늘 자존심을 세우며 강하고 의로운 척했지만, 구원의 소망조차 잃어버린 제 영혼의 실체를 직면하게 된 순간, 머릿속은 엉켜버린 실타래와 같이 되고 말았습니다. 어디서부터 잘못되었는지 무엇이 저의 삶을 나락으로 떨어뜨렸는지 근원을 찾아내려 애썼지만, 좀처럼 갈피조차 잡을 수 없었습니다.

이윽고 지푸라기라도 잡는 심정으로 성경을 펼쳐 들었습니다. 그간 설교라는 핑계로 오용했던 성경을 붙들고 한 가닥 희망이라도 찾으려 발버둥 치던 그때, 하나님께서는 말씀을 통해 그릇된 저의 삶을 하나하나 지적하셨습니다.

"썩어지지 아니하는 하나님의 영광을 썩어질 사람과 새와 짐승과 기어 다니는 동물 모양의 우상으로 바꾸었느니라 그러므로 하나님께서 그들을 마음의 정욕대로 더러움에 내버려 두사 그들의 몸을 서로 욕되게 하게 하셨으니 이는 그들이 하나님의 진리를 거짓 것으로 바꾸어 피조물을 조물주보다 더 경배하고 섬김이라…"(롬 1:23-25)

처음 하나님의 부르심을 받았던 신학생 시절, 누구보다 열정이 넘쳤습니다. 은사가 충만했던 학우에게 도전을 받아 날이 새도록 기도하기를 주저하지 않았고, 실천신학의 중요성을 강조하며 노방전도에 앞장서기도 했습니다. 예배 생활은 더욱 사기 충만했습니다. 그 시절 유일한 취미가 예배라고 했을 정도였으니 말입니다. 그런데 현실적인 문제에 직면했을 때, 사탄은 허울뿐인 연약한 믿음을 가만두지 않았습니다. 신학교를 졸업하고 난 뒤 부양해야 하는 가족에 대한 부담감으로 짓누르며 물질을 좇도록 유혹했던 것입니다. 그 후 땅만 바라보며 사느라 굽은 등을 펼 여유도 잃은 채 시간과 열정을 허비했습니다. 사족보행 하는 동물처럼 땅에 코를 박았고, 무엇이라도 하나 더 소유할까 부라리며 살다가 결국 아담처럼 에덴에서 멀어져가고 말았던 것입니다.

때론 하나님의 성품은 탐욕으로 눈이 먼 우리에게는 고난의 단초가 되기도 합니다. 예배자의 본분을 망각한 채 썩어질 세상에 사로잡히는 순간 하나님께서는 그런 저를 모른 체 내버려 두신 것입니다(삼상 16:14). 재산을 탐내며 세상으로 떠났던 탕자를 붙잡지 않았던 아버지처럼 말입니다. 꿈을 찾아 자유를 찾아 떠나는 아들의 발길을 강제로 돌려놓았더라면, 탕자는 변하지 않은 신실한 성도의 모습을 끝까지 지켜낼 수 있었을까요?

그 시절 신앙의 행동 양식은 잊힌 지 오래였습니다. 말씀과 기도, 복음 전도의 당위성은 인정하지만, 집에서 키우는 애완견보다도 하나님을 예우하지 못하는 게 현실이었습니다. 동물 뒤치다꺼리하느라 에너지를 허비하면서도 정작 하나님은 무시하기 일쑤였던 것입니다.

"… 헛되고 헛되며 헛되고 헛되니 모든 것이 헛되도다. 해 아래에서 수고하는 모든 수고가 사람에게 무엇이 유익한가"(전 1:2-3)

한 번쯤 생을 마감하게 될 때, 하나님 앞에서 어떤 말을 하게 될지 상상해 보는 것은 변화에 큰 유익을 가져온다고 생각합니다. 겉으로 그럴듯한 신앙생활을 유지해왔을지라도 진정으로 주님을 향한 삶을 영위하지 못했다면, 그때는 어떤 말로도 변명할 수 없지 않을까요?

2 재규의 장례식

되돌아보면 목회자 안수만큼의 감격이 또 있을까 싶습니다. 신학도 시절 여러 교회를 섬기던 시절이 떠올라 감격이 한층 더했던 것 같습니다. 솔직히 부 교역자의 삶은 그다지 행복하지 않았습니다. 정처 없이 이곳저곳 떠돌며 온갖 설움과 부당한 대우에 눈칫밥 신세를 면치 못했습니다.

그런 지난 시절이 주마등처럼 스쳤으니 감격은 배가되었을 겁니다. 하지만 이후 목사가 되었다고 마냥 즐거운 날들이 기다리는 것은 아니었습니다. 감동과 감격은 찰나였고 목회의 무게감을 견디며 준비하고 감당할 일들이 너무 많았습니다.

그러던 어느 날, 뜬금없이 장례예식에 관해 떠올라 몹시 고민하게 되었습니다. 엄밀히 말하면 고민이라기보다는 가슴을 짓누르는 압박감이었습니다. 목회자의 직분을 얻었으니 그에 걸맞은 기능을 감당하고 싶었던 것입니다. 그렇다고 섬기던 교회에 위독한 성도가 있거나 우리 곁을 떠난 분이 계셨던 것도 아니었습니다.

그런 심적 부담감을 떨쳐내지 못하며 장례예식을 준비하고 있을 즈음, 마치 예정에 있기라도 했던 것처럼 제 앞에 큰 사건 하나가 벌어졌습니다.

제가 섬기는 교회는 매주 한 장애인 복지시설을 찾아 함께 예배하며 봉사합니다. 여건상 교회를 직접 찾기가 어려운 분들이기에 우리가 그들이 있는 곳으로 찾아가 예배를 인도하며 함께 교제합니다. 그럴 때마다 장애인들은 우리를 몹시 반겨주며 뜨겁게 예배를 드리곤 했습니다. 그들과 함께 하는 예배는 감동 그 자체라고 해도 과언이 아닙니다. 실제 우리가 장애인들을 돕는 거란 생각을 말끔히 지워버리는 순간이 있습니다. 오히려 순수한 그들의 모습을 통해서 더 많은 은혜와 감격을 맛보게 되는 것입니다.

그러던 어느 날, 비보를 접하게 되었습니다. 우리와 함께 예배드리던 어리고 귀여운 재규가 생을 마감했다는 소식이었습니다. 갑작스러운 비보가 더욱 충격적이었던 것은 재규가 우리와 함께 드리는 예배를 특별히 사모했기 때문이었습니다. 아직 여덟 살밖에 되지 않았던 어린아이가 짧은 생을 마감하고 주님께 돌아갔다는 소식은 저를 절망과 회한으로 몰아넣었습니다. 어린 재규의 죽음은 많은 추억을 떠올리게 했습니다. 얼마 전까지 품에 안겨 설교를 듣던 재규의 온기도 느껴지는 듯했습니다. 가슴을 저리며 재규와의 추억을 회상하던 그때, 저는 비로소 귀한 깨달음을 얻을 수 있었습니다. 하나님께서 사랑하는 재규의 장례를 위하여 목회초년병인 저를 준비시켜주셨다는 사실입니다.

재규의 장례식은 특히나 우울했습니다. 가슴에 커다란 구멍이 난 듯 갈피를 잡지 못하며 발인예배를 앞두던 때였습니다. 저는 그때 처음으로 죽은 이의 몸을 보았습니다. 솔직히 작은 관속에 누워있는 재규의 모습은 충격 그 자체였습니다. 좋아하던 장난감을 품에 안고 누워있는 재규의 모습은 밀랍으로 만든 작은 인형처럼 보였습니다.

　재규의 몸에 손을 얹고 기도할 때에는 차가운 돌을 만지는 것처럼 낯설었습니다. 인생이라는 것이 참으로 허무하게 느껴지는 순간이었습니다. 언제일지는 모르지만, 저도 재규와 같이 생기를 잃어버리게 될 거라는 생각에 서툰 절망감이 차올랐습니다. 하지만 하나님의 인도하심에는 늘 큰 깨우침이 있기 마련입니다. 목사가 된 뒤 겪은 첫 장례예식을 통해서 제 마음에 가득 고였던 슬픔은 곧 하나님의 은혜를 바라는 갈망으로 바뀌었습니다.

　재규의 관이 닫힐 즈음, 하나님의 나지막한 음성이 꽉 막혀있던 가슴을 치는 듯했습니다.

　"주언아, 너는 구원에 확신이 있니?"

　예수님은 모든 사람이 자신의 마지막 때를 알지 못한다고 말씀하셨습니다(마 25:13). 어린 재규가 황망히 떠날 거라고 예상했던 사람은 아마 없었을 것입니다. 사람이란 존재는 한 치 앞도 알지 못하는 한없이 나약하고 어리석은 존재입니다. 하지만 그렇다고 생을 마감하는 것과 성경이 증거하는 사후의 삶을 준비하는 사람은 적습니다.

"이는 내게 사는 것이 그리스도니 죽는 것도 유익함이라. 내가 그 둘 사이에 끼었으니 차라리 세상을 떠나서 그리스도와 함께 있는 것이 훨씬 더 좋은 일이라 그렇게 하고 싶으나"(빌 1:21, 23)

지극히 어리고 작은 아이의 주검 앞에서 제 믿음의 현주소가 여실히 드러났습니다. 천국에 무관심했던 자신을 깨닫게 된 것입니다. 저는 분명 구원의 확신이 없었습니다. 죄와 허물이 많은 것도 이유이겠지만, 하나님의 나라를 제대로 알지 못하는 것이 그 사실을 증명하기 충분했습니다.

저는 목사였지만 누군가가 천국에 대해서 질문하면 명쾌하게 대답할 자신도 없었습니다. 그러니 내세의 삶을 기대하기보다 죽음을 두려워하기만 했습니다.

신앙의 종착지는 천국입니다. 하지만 저를 비롯한 성도들에게 천국에 관한 관심은 그리 크지 않습니다. 하늘에 소망을 두는 신자를 찾는 게 쉽지 않은 세상입니다. 모두 땅의 것에 온갖 관심을 두고 땅을 경영하는 것에만 관심이 있습니다.

사람들은 "늦었다고 생각할 때가 가장 빠르다"는 말을 하곤 합니다. 성경 구절은 아니지만, 그 말이 제게는 적잖은 위로가 되었습니다. 구원에 관한 확신조차 없었던 어리석은 제가 늦게나마 참된 믿음을 소망하며 천국을 기대하게 되었으니 말입니다.

3 주만 바라볼지라

"아브람이 그돌라오멜과 그와 함께 한 왕들을 쳐부수고 돌아올 때에 소돔 왕이 사웨 골짜기 곧 왕의 골짜기로 나와 그를 영접하였고 살렘 왕 멜기세덱이 떡과 포도주를 가지고 나왔으니 그는 지극히 높으신 하나님의 제사장이었더라"(창 14:17-18)

신앙이란 단어 자체의 의미는 하나님을 '앙망하는 것'입니다. 하지만 그것은 천사나 귀신을 실제로 목격하거나 남들이 보지 못하는 하나님의 현현을 허공에 그리는 행위가 아닙니다. 참된 신앙은 주야로 하나님의 말씀을 묵상하는 삶을 의미합니다. 어떠한 상황에 부닥치든 자신의 본능에 이끌리기보다 하나님의 뜻을 깨우치고 그것이 실현되기를 잠잠히 바라는 것입니다(골 3:1-3).

세상의 왕들을 이기고 전쟁에서 승리를 거둔 아브라함이 금의환향했을 때 그를 맞이했던 인물들이 있었습니다. 하나는 지극히 높으신 하나님의 제사장이었던 멜기세덱이었고 다른 하나는 소돔 왕이었습니다.

소돔 왕은 자신을 대신하여 연합 왕들을 물리친 아브라함을 왕의 골짜기에서 맞이하였습니다. 물론 그는 빈손이 아니었습니다. 믿음의 조상 아브라함을 왕으로 인정하였던 그는, 많은 물품을 가지고 아브라함을 환대하였습니다. 그러나 아브라함은 자신을 높이고 유익을 주려는 소돔 왕을 모른 체하였습니다. 오히려 제사장 멜기세덱만을 바라보며 그에게 십일조를 바쳤습니다.

고대 근동에서 조공이나 조세는 십일조를 근간으로 드려졌습니다. 만일 종주권 언약이 체결되면 봉신국은 정기적으로 십일조의 조공을 바칠 의무가 생기고, 노예나 종 역시 주인에게 십일조의 조세를 바치는 언약 관계가 형성되었던 것입니다. 이것을 복종과 충성의 증표로 삼았습니다. 이와 같은 맥락에서 아브라함이 십일조를 드린 것은 단순한 헌금의 개념을 넘어 자기 자신을 멜기세덱의 종으로 시인한 것이라 할 수 있습니다.

"아버지도 없고 어머니도 없고 족보도 없고 시작한 날도 없고 생명의 끝도 없어 하나님의 아들과 닮아서 항상 제사장으로 있느니라"(히 7:3)

성경의 기자들은 멜기세덱을 그리스도의 반차(예수의 모형)로 소개하고 있습니다(히 5:10). 또한 그를 평강의 왕으로 소개하며(롬 14:17) 사람의 혈육을 따라 난자가 아닌 하나님의 아들이라며 칭송합니다(히 7:2-4). 그런데 믿음의 선조 아브라함은 그런 하나님의 아들을 알아챘습니다. 그래서 소돔 왕에게서 시선을 돌려 멜기세덱만을 바라볼 수 있었던 것입니다. 주인을 섬기는 종으로서 하나님께 눈을 떼지 않았던 그의 태도는 참된 신앙의 진수를 보여줍니다. 따라서 모든 성도는 이러한 아브라함의 신앙에 도전받아야 합니다. 사특한 잔꾀로 인간관계에 집중하기보다 말씀 묵상을 통해 주님과 깊이 사귀며 그분의 영광에 사로잡히는 삶, 그것이 성경이 말하는 영안의 실체요 참된 신앙생활인 것입니다.

　가끔 전도사가 되어 처음으로 교회사역을 하던 때의 아찔한 순간이 떠오르곤 합니다. 어울리지 않는 어색한 정장을 차려입고, 상기되어 긴장한 얼굴로 떠듬떠듬 설교하던 모습은 누가 봐도 어설프게 느껴졌을 것입니다. 그렇다고 용돈벌이를 목적으로 전도사 사역에 뛰어들었던 것은 아닙니다. 나름대로는 각오와 결단을 다지며 사역을 감당하기 위해 준비도 했었습니다. 속성으로 배우긴 했지만, 신학교 선배를 찾아가 기타를 배우는 수고도 주저하지 않았습니다. 짧은 시간 동안 몇 곡의 찬양을 연주할 실력을 갖추기까지는 우여곡절도 많았지만, 그때의 열정만큼은 지금도 칭찬할 만합니다.

　당시 찬양을 중요하게 여기시던 담임목사님께서는 주일 오후 예배를 찬양 중심의 예배로 전환하셨습니다. 그리고 어느 날 전도사인 제게 오후 예배를 맡기셨고, 예배시간에 부를 찬양까지 주문하셨습니다. 그런데 하루는 사달이 나고 말았습니다. 시간에 맞춰 강단으로 올라가 찬양을 인도하려 기타 줄을 튕기는 순간, 황당한 소리가 흘러나왔습니다.
　'분명 미리 기타 줄을 조율해놓았는데 뭐가 잘못된 걸까?' 완전한 불협화음이었습니다. 순간 머릿속에 점심 식사 후, 유초등부 아이들이 예배당에서 소란스럽게 뛰어놀며 기타를 가지고 놀았던 장면이 스쳐 지나갔습니다. 예배가 시작되기 전 미리 조율을 마쳐 얌전히 놓아두었던 기타의 줄 감개를 아이들이 장난삼아 마구 돌려놓았던 것입니다. 정신을 차리고 조율하려고 했지만 당황한 데다, 실력마저 부족해서인지 소리는 좀처럼 돌아오지 않았습니다. 이런 상황을 알아채지 못한 목사님께서는 강대상에서 헛기침 신호로 찬양 시작을 재촉하셨습니다. 순간 식은땀이 등줄기를 타고 흘러내렸습니다. 당황하지 않은 척, 아무 문제 없는 척하려 했지만 떨리는 목소리는 감출 수가 없었습니다.

아무튼지 이내 아무렇지도 않은 듯 기타를 치며 찬양을 부르기 시작했습니다. 그런데 더욱 당황스러웠던 것은 다 함께 찬양을 부르며 은혜를 받아야 할 그 시간이 독창 공연이 되어버린 것입니다. 스피커에서 흘러나오는 이상한 기타 소리에 당황한 성도들은 아무도 인도자의 소리에 맞춰 찬양하려 하지 않았습니다. 그렇게 한참 찬양을 부르다 느낌이 좋지 않아 성도들의 눈빛을 살펴보았습니다. 하나같이 한심한 눈으로 저의 다음 행동을 주시하는 듯했습니다. 그렇다고 시작한 찬양을 멈출 수는 없었습니다. 차라리 눈을 감고 가사에 집중하여 찬양을 인도했습니다.

하나님 사랑의 눈으로 너를 어느 때나 바라보시고
너의 작은 신음에도 응답하시니
너는 어느 곳에 있는지 주를 향하고 주만 바라볼찌라.

〈주만 바라볼찌라〉

찬양이 중반으로 넘어가면서 어느새 두 뺨에는 뜨거운 눈물이 흘러내렸습니다. 하나님이 아닌 성도들을 의식하며 무엇인가를 멋지게 보여주기 위해 준비했던 모습이 얼마나 부끄러웠는지, 작고 여린 자존심마저 무너지고 말았습니다. 그런데 그 순간 제 시선이 하나님을 향하게 되었습니다. 가슴에서 흘러나오는 뜨거운 찬양을 처음 경험했던 것입니다. 그동안 유행가 가사처럼 의미 없이 불러댔던 찬양은 곡조 있는 기도로 하나님께 올려졌고 찬양의 가사를 통해서 제게 허락하신 말씀을 깊이 되새길 수 있게 되었습니다. 요즘도 가끔 하나님께서 "그때 네가 부른 찬양은 최고였지!"라고 하시는 듯한 음성이 들려오곤 합니다.

"말씀이 육신이 되어 우리 가운데 거하시매 우리가 그의 영광을 보니…"
(요 1:14)

예수께서는 하나님의 보좌를 하늘로 표현하셨습니다(마 6:9). 언뜻 들으면 무소 부재하신 하나님의 속성을 제한하는 것처럼 들릴 수도 있지만, 예수님 말씀을 깊이 묵상하면 그 말씀의 깊이와 의미를 누구나 깨달을 수가 있습니다.

우리 눈에 하늘은 무한히 펼쳐져 있습니다. 그 넓고 푸른 하늘이 크고 웅장한 산 위에만 있는 것이 아니라 모든 사람 머리 위에 어디에나 존재합니다. 또한, 하늘은 누구도 닿을 수 없이 높고 넓기에 모든 사람이 우러러봅니다. 예수께서 하나님의 보좌를 하늘로 표현하신 이유가 바로 여기에 있습니다. 우리가 머물러있는 어느 곳이든 우리의 머리 위에 하늘이 자리 잡고 있듯이, 하나님의 보좌와 그의 불꽃 같은 눈동자 역시 늘 우리를 향해 있는 것입니다. 그런데 사도 요한은 그러한 하나님의 실존을 '말씀'으로 대신하였습니다. 말씀이 되신 하나님께서 세상을 통치하시고 또한 성도는 말씀을 묵상하므로 하나님과의 동행을 실현할 수 있다는 것입니다.

"예수께서 대답하여 이르시되 진실로 진실로 네게 이르노니 사람이 거듭나

지 아니하면 하나님의 나라를 볼 수 없느니라"(요 3:3)

중생(거듭남)은 개안(開眼)과도 밀접한 관계가 있습니다. 물과 성령으로 거듭나지 못하면 말씀으로 임하는 하나님의 나라를 볼 수도 없고 하나님의 나라에 들어갈 수도 없습니다.

믿음의 선조 아브라함이 멜기세덱을 알아보았던 그 영적인 감각에 도전을 받게 됩니다. 허망한 세상에 마음이 이끌리기보다 하나님의 종이 되어서 그분만을 앙망하며 순종하는 자로 거듭나고 싶습니다.

4 전도사님 죄송합니다

어렸을 적 우리 집은 연탄을 피워서 온수와 난방을 해결하였습니다. 그때 연탄의 심지라 할 수 있는 번개탄은 없어서는 안 될 가정의 필수품이었습니다. 그래서인지 손수레에 번개탄과 연탄을 싣고 마을을 돌아다니며 파는 아저씨들도 있었습니다. 목청을 높여 "한 장에 오십 원~" 하고 외치면, 뛰어나와 번개탄을 사곤 했던 기억이 있습니다.

그런데 우리 마을을 돌며 번개탄을 파시던 아저씨의 모습은 누가 보아도 정상적이지 않았습니다. 한쪽 손은 옆구리에 붙어있었고 한쪽 다리는 심하게 절었습니다. 아마도 소아마비를 앓고 계셨던 것 같습니다. 어린 시절 철없는 눈에 다리를 절며 번개탄을 외치는 아저씨의 모습은 그저 우스꽝스럽게만 보였습니다. 게다가 아이들과 함께 아저씨의 뒤를 따라가며 절뚝거리는 흉내를 내며 놀려대기도 했습니다.

저는 어렸을 때, 다니던 교회에 대한 자부심이 상당했었습니다. 어린 마음에 우리나라에서는 우리 교회가 가장 크고 좋은 줄로만 알았습니다. 그래서 다른 교회를 다니는 아이들과 교회 자랑에 대한 설전을 벌이기도 했습니다. 저마다 자기가 다니는 교회가 더 좋은 이유를 대면서 핏대를 올리며 서로 지기 싫어했었습니다. 그중에는 가장 친하게 지냈던 친구 준이가 있었습니다. 준이는 한 성결교회에 출석하고 있었는데 저를 자꾸만 자기 교회로 나오라고 유혹을 했습니다. 준이의 말에 쉽게 넘어갈 제가 아니지만, 어느 날 마음을 흔드는 일이 하나 생겼습니다. 준이가 다니는 교회에서 달란트 시장이 열리는 데 자신이 모은 달란트를 반이나 나눠 주며 자기 교회에 함께 가자고 했던 것입니다. 떡볶이를 마음껏 먹을 수 있다는 말은 치명적인 유혹이었습니다. 결국, 잿밥에 눈이 멀어 준이가 다니는 교회를 따라가고 말았습니다. 집에서 한참이나 걸었던 것으로 기억됩니다. 그때의 기억이 아직도 생생한데, 준이가 다니는 교회는 우리 교회보다 규모가 상당히 컸습니다. 교회 마당에는 미끄럼틀과 시소까지 있었으니까 비교 불가였습니다. 하지만 부러움을 숨기고 준이와 함께 예배를 드렸습니다. 이미 익숙한 찬양이니 아는 척 하며 목청껏 찬양을 따라 불렀습니다. 기도를 마치고 순서에 따라 설교를 들을 시간이 돌아왔습니다. 이 시간만 지나면 달란트 잔치에 가서 많은 선물과 떡볶이를 마음대로 먹을 수 있다고 생각하니 설교시간이 빨리 지나가기만 바라고 있었습니다.

그런데 말씀을 전하러 나오신 분의 모습을 보는 순간 온몸이 얼어붙고 말았습니다. 강단에 서신 분은 양복을 입은 모습도 어색했고 행동도 자연스럽지 않았습니다. 눈을 비비고 다시 확인했는데 그분은 분명 우리 동네에서 연탄과 번개탄을 파시던 그 아저씨였습니다. 말끔하게 정장을 차려입으셨지만, 불편한 걸음으로 걸어 나오시는 모습에서 그분이신 것을 단번에 알아볼 수 있었습니다. 하지만 아이들은 아무렇지도 않은 듯 모두가 설교에 집중하고 있었습니다. 참다못해 친구의 옆구리를 찌르며 물어보았는데, 번개탄 파시는 그 아저씨가 바로 교회 전도사님이

랍니다. 예배를 드리는 내내 그 자리가 얼마나 불편했는지 모릅니다. 아저씨가 아니 전도사님이 저를 알아보고 꾸중이라도 하시면 어떻게 하나 근심이 되어 설교는 듣는 둥 마는 둥 예배가 끝날 때까지 고개를 숙이고 있었습니다. 떡볶이나 달란트 잔치의 선물에 대한 기대는 완전히 사라지고 말았습니다. 결국, 예배가 끝나기도 전에 조용히 교회 밖으로 나와 집을 향해 발걸음을 옮기고 말았습니다. 그런데 당황스러운 일이 벌어지고 말았습니다. 집으로 돌아오는 길을 잃어버리고 만 것입니다. 아무리 주위를 둘러봐도 방향을 잡을 수 없었습니다. 한참을 걸었지만 생소한 동네만 나타났습니다. 아마 반대 길로 접어들었던 것 같습니다.

길을 잃은 두려움에 눈물이 흘러내렸습니다. 그때 오토바이를 타고 지나가시던 경찰 한 분이 이런 저를 발견하시고는 태워주겠다면서 사는 동네를 물어보셨습니다. 그나마 다행이라는 생각에 집에서 가까운 목욕탕 이름을 알려드렸고, 그곳까지만 데려다 달라고 하였습니다.

"야베스는 그의 형제보다 귀중한 자라 그의 어머니가 이름하여 이르되 야베스라 하였으니 이는 내가 수고로이 낳았다 함이었더라"(대상 4:9)

가인이 동생 아벨을 쳐 죽인 상황이 궁금합니다. 가인이 피붙이인 동생을 잔인하게 살인한 이유가 하나님께 인정받은 동생을 시기했기 때문이라지만, 위기에 빠진 아벨은 도대체 무엇을 했던 것일까요? 형에게 강력하게 저항하는 것은 고사하더라도 발 빠르게 도망이라도 쳤다면 목숨을 잃는 위험에서는 모면할 수 있었을 텐데 말입니다. 아무리 생각해도 아벨이 답답하게만 느껴집니다.

미련한 엘리 제사장이 이스라엘의 영적인 기강을 책임지던 시절, 그의 두 아들 홉니와 비느하스 역시 아버지를 쫓아 제사장이 되었습니다. 물론 불량한 그들이 하나님의 제사를 멸시했다는 사실은 누구나 잘 아는 사실입니다.

비느하스의 아들 이가봇은 '불명예', '절망'이라는 뜻을 지니고 있습니다. 비느하스의 아내가 시아버지와 남편의 죽음 앞에서 이스라엘에서 하나님의 영광이 떠나는 것을 느끼며 아들의 이름을 그렇게 지어주었습니다(삼상 4:19-22).

야곱의 아내 라헬이 출산할 무렵 시아버지 이삭이 죽고 그의 가정은 여러 가지 문제로 혼란스러운 상황에 놓이게 되었습니다. 그때 그는 아들을 낳고 이름을 '베노니'라고 지었습니다. '베노니'의 뜻은 '이가봇'과도 유사합니다. '고통', '슬픔'이란 뜻을 지니고 있습니다. 우리식으로 표현한다면 '김 고난', '이 절망'이라 이름을 지은 것과 같습니다.

아벨 역시 그 이름에서 풍기는 뉘앙스가 심상치 않습니다. '공허', '헛되다', '덧없다'라는 뜻을 내포하고 있기 때문입니다.

그러면 하와는 왜 아벨을 낳고 소망을 갖지 못하였을까요? 어쩌면 야베스의 어머니가 그를 고통 중에 낳으며 그의 이름을 '고통'이라 부른 것같이 아벨 역시 출생에 알려지지 않은 어떤 비밀이 숨겨져 있을지도 모릅니다. 만약 아벨이 육체적으로 약점이나 결함이 없었다면 형의 공격에 그렇게 무방비상태로 당하지는 않았을 것이라는 생각을 지울 수 없기 때문입니다. 아무리 생각해도 아벨이 약자였으리라는 것은 부정할 수 없습니다. 반면 가인은 남을 살인할 만한 강한 힘을 지녔을 것이 분명합니다.

그런데 하나님께서는 강자인 가인의 제사보다 약자인 아벨의 제사를 더욱 기뻐하셨습니다. 물론 가인의 예배가 실패했다고 구원의 기회가 완전히 날아간 것은 아니었습니다. 겸손한 마음으로 아벨에게 하나님께 드린 제사를 묻고 배우면 하나님의 마음도 알게 되지 않았을까요.

하지만 가인의 심지는 꼬여있었던 것 같습니다. 하나님께서 동생을 인정하시는 것을 받아들이지 않고 있으니 말입니다. 결국, 헛된 시기심에 사로잡혀 하나뿐인 피붙이를 살인하지 않았습니까? 게다가 끝까지 자신의 억울함을 항변하다가 하나님께서 주신 마지막 회개의 기회까지 날려버리고 말았습니다.

가인의 모습을 묵상하면서 어린 시절 그때 그 사건이 떠올랐습니다. 연약한 중에도 하나님을 의지하는 자를 비웃으며 천대하는 완악함이 어려서부터 제 마음을 지배하고 있었습니다.

준이네 교회 앞에서 길을 잃었을 때의 두려움을 잊지 못합니다. 가끔 천국으로 가는 길을 헷갈릴 때가 있는 것입니다. 제 교만한 마음 때

문에 영안(靈眼)이 어두워져 길 되신 예수님을 보지 못할 때가 있습니다. 하지만 가인처럼 회개의 기회까지 박차고 싶지는 않습니다. 하나님께서 제 더러운 중심을 지적하실 때 오히려 강퍅해지기보다 자신의 완악한 실체를 인정하고 잘 듣고 배워 꼭 구원받는 사람이 되고 싶습니다.

5 선악과를 만드신 이유

하나님께서 선악과를 만드신 이유는 무엇일까요? 말 한마디로 천군과 천사를 부리시는 하나님께서 세상 죄악을 없애시는 것이 불가능한 일이었을까요? 처음부터 에덴에 선악과를 두지 않으셨다면 아담과 하와가 쫓겨날 일도 없었을 텐데 말입니다.

백번을 생각해봐도 천지를 지으신 하나님께서는 아담과 하와가 선악과 먹을 것을 이미 알고 계셨으리라 믿습니다. 그런데도 동산 중앙에 버젓이 선악과를 존치해 두셨습니다. 그것도 아담과 하와의 눈에 잘 띄는 동산 한 가운데 말입니다. 따라서 아담과 하와가 선악과를 먹게 된 것도 하나님의 계획 가운데 하나였다는 생각을 지울 수가 없습니다. 그렇다고 하나님의 구속사에 흠이 있다는 말은 아닙니다.

하나님께서는 언약을 깨뜨리고 선악과를 먹었던 아남과 하와가 사신들의 불의함을 인정하고 돌이켜 다시 아버지 품으로 돌아오길 바라셨습니다. 죄악에 사로잡힌 인간이 구원을 얻을 수 있는 유일한 길이 오직 하나님의 은혜와 용서뿐이라는 사실을 더욱 분명하게 하셨던 것입니다. 그러나 타락한 아담은 하나님의 계획을 알아채지 못하고 오히려 강퍅해져 버리고 말았습니다.

"한 사람으로 말미암아 죄가 세상에 들어오고 죄로 말미암아 사망이 들어왔나니 이와 같이 모든 사람이 죄를 지었으므로 사망이 모든 사람에게 이르렀느니라"(롬 5:12)

많은 성도가 아담의 어리석음을 보고 탄식합니다. 그가 선악과만 먹지 않았어도 인류는 지금 에덴동산에서 호의호식하며 살았을 거라 착각하며 그를 원망하는 것입니다. 하지만 성경은 아담이 아니라 그 누구라도 선악과를 먹었을 것이라고 분명히 말합니다. 모든 사람 안에 내재한 원죄 때문입니다(렘 17:9).

"그 나무를 본즉 먹음직도 하고 보암직도 하고 지혜롭게 할 만큼 탐스럽기도 한 나무인지라"(창 3:6)

선악과를 취하면 사망에 이르게 될 것을 알았지만, 아담과 하와는 육체의 소욕에 끌렸고 선악과에 마음을 빼앗겨버렸습니다. 그러므로 하나님의 명령은 잊어버리고 말았습니다. 이러한 모습은 사람 안에 내재한 원죄의 실체를 낱낱이 증거합니다. 우리 안에 실재하는 원죄가 자성을 만들어 하나님께서 금하신 죄악에 구미를 당기게 만드는 것입니다.

"… 하나님이 주셔서 나와 함께 있게 하신 여자 그가 그 나무 열매를 내게 주므로 내가 먹었나이다"(창 3:12)

비록 선악과를 취하였지만 특이한 아무 반응도 나타나지 않았습니다. 독이든 사과를 먹었던 백설 공주처럼 깊은 잠에 빠진 것도 아니었고,

큰 질병에 걸려 고통과 시험을 당하여 절망에 이른 것처럼 보이지도 않았습니다. 사실 하나님의 말씀을 육체적 결과로 풀어내려는 시도만큼 어리석은 짓은 없습니다. 아담과 하와는 눈치채지 못했겠지만, 그들은 그 순간 이미 영생에서 멀어져 사망에 이르게 되었다는 사실을 알아야 했습니다.

> "그 형제를 미워하는 자마다 살인하는 자니 살인하는 자마다 영생이 그 속에 거하지 아니하는 것을 너희가 아는 바라"(요일 3:15)

하나님의 명령을 어긴 아담은 회개하여 용서를 구하기는커녕 자신의 실수를 하와 탓으로 돌리며 그녀를 창조하신 하나님을 원망하기까지 했습니다. 하와도 뱀에게 자신의 죄를 전가하기는 마찬가지였습니다. 선악과를 먹은 그들이 스스로 선악을 판단하며 상대를 거침없이 정죄하고 판단하는 모습이었습니다. 하지만 그것이 사망의 단초가 되었습니다. 하나님의 말씀과 같이 그들은 서로를 해하며 영생에서 멀어지게 되었던 것입니다.

> "… 남을 판단하는 사람아 … 네가 하나님의 심판을 피할 줄로 생각하느냐"(롬 2:1-3)

하나님께서는 죄의 유무로 성도의 선택과 유기를 결정하시는 분이 아니십니다. 죄를 범하였을지라도 하나님께 나아와 회개하는 자는 누구든지 은혜를 입을 수가 있습니다. 하지만 자신의 허물을 인정하지 아니하고 남에게 죄를 전가하는 태도는 하나님을 더욱 분노하게 할 뿐입니다.

선악과를 창조하신 하나님의 뜻을 알아야 합니다. 은혜가 아니고는 '서로 사랑하라' 명령하신 하나님의 뜻에 도달할 수 없는 우리의 모습을 바로 볼 수 있어야 합니다. 그럴 때 같은 처지에 놓인 이들이 서로를 보듬으며, 함께 하나님을 영화롭게 할 수 있는 것입니다.

"가난한 자를 불쌍히 여기는 것은 여호와께 꾸어 드리는 것이니 그의 선행을 그에게 갚아 주시리라"(잠 19:17)

하나님께 받은 자비와 은혜는 다 갚을 수 없지만, 이제는 갚는 시늉이라도 해야겠다는 용기를 내었습니다. 저보다 가난하고 연약한 자들을 섬기며 그들의 구원을 위해 힘을 다하는 목회자가 되기로 마음먹었습니다. 예수께서 허물 많은 저를 위해서 십자가를 지셨던 것처럼 말입니다.

6 고아의 아비, 예배자가 되다

　형식적인 신앙에 신물을 느껴, 안주하고 있던 자리를 박차고 일어났습니다. 참된 신앙을 꿈꾸며 살고 있던 집을 팔아 신앙공동체를 개척하기에 이르렀습니다. 주위 사람들이 만류했던 도전이었지만 뜻을 함께 했던 신학교 후배들과 사랑하는 가족들이 복음을 살아내고자 하는 저의 결단을 적극 지지해 주었습니다.

　신학교 근처에 작은 부지를 준비하고, 어려운 이웃과 함께 생활할 수 있는 따듯한 보금자리도 마련했습니다. 우여곡절 끝에 정부 허가까지 받아 장애인 복지시설도 열었습니다. 드디어 부모를 잃은 장애인들과 함께할 기회가 주어졌던 것입니다.

　신학교 시절부터 보육원 같은 시설에 봉사활동을 했던 터라 처음에는 어려운 형편의 고아들과 함께 지내는 것을 불편하게 여기지 않았습니다(수업을 땡땡이치고 보육원 아이들과 공을 차며 함께 예배하던 철없던 시절이 떠오릅니다). 하지만 시간이 지나면서 대소변도 가리지 못하는 장애인들을 대하는 일은 그때처럼 쉽지 않았습니다. 하나님을 대신해서 고아의 아버지가 되겠노라 다짐했지만, 의사소통도 제대로 이루어지지 않는 아이가 온 바닥에 대변을 보고 있는 모습을 발견하노라면 어찌해야 할지…. 무력함으로 주저앉았던 때가 한두 번이 아니었습니다. 지금에야 말할 수 있지만, 솔직히 그런 아이들이 달려들면서 저를 "아빠"라고 부를 때면, 불편하고 거북해서 속으로는 도망가고 싶었습니다.

더 심각했던 상황은 매일 저녁에 드리는 예배시간이었습니다. 장애인들과 함께 예배를 드리고 기도를 할 때면 마치 사탄이 우리 안에서 요동치는 것 같았습니다. 멀쩡하던 아이가 갑자기 괴성을 지르며 소리치고, 심지어는 예배 인도자에게까지 달려들어 물어대는 소동도 벌어졌습니다. 그런 날이 반복되면서 저의 인내심도 바닥을 드러내기 시작했습니다.

힘겹고 불편한 상황에 변화의 끝이 보이지 않자, 급기야는 사람들에 대한 원망이 시작되었고 하나님의 인도하심도 의심하기 시작했습니다. (동역자들 앞에서는 믿음의 선조를 흉내 내며 인내를 외치고 우리 앞에 당한 시험을 대수롭지 않게 여기며 태연하게 행동했으나 속으로는 불안과 두려움에 떨고 있었습니다). '집까지 팔아서 시작한 사역인데, 이대로 실패하는 건 아닐까?'

하지만 언제나 해답은 예배 안에 있었습니다. 어린아이처럼 주님의 도움을 간구하기 위해 개인적으로 주님과 관계하는 시간을 늘려나가기 시작했습니다. 사람들의 시선을 벗어나 홀로 하나님을 예배하며 주의 얼굴을 구하면, 주님은 저를 말씀 한 가운데로 이끌어 나가셨고 불의한 저의 심령을 서서히 만져 주셨습니다. 그때마다 어린 시절 느낌이 들곤 했습니다. 따뜻한 엄마 등에 업혀 근심 없이 잠을 청하던 기억 말입니다.

"… 하나님은 사랑이시라 사랑 안에 거하는 자는 하나님 안에 거하고 하나님도 그 안에 거하시느니라"(요일 4:16)

어린아이처럼 하나님과의 관계에 집중했더니, 교만했던 저의 중심이 산산이 조각나기 시작했습니다. '신앙생활을 시작하며 입버릇처럼 하나님의 사랑을 강조했던 내가 아니었던가!' 하지만 말은 그렇게 버젓이 했어도 그 사실에 동의하며 살아오지는 않았습니다. 하와가 선악과를 먹고 하나님처럼 되고 싶어 했던 것처럼, 저 역시 선행과 구제를 이용해서 하나님의 영광을 탐하며 살았습니다. 실체도 없는 사람의 의가 하나님의 사랑을 대신 할 거라 착각했던 겁니다. 하지만 은혜를 받고 나 자신을 위한 방식들을 내려놓으니, 하나님의 역사를 기대하는 소망도 생기게 되었습니다. 내 맘대로가 아닌 하나님께서 일하실 수 있도록 자리를 내어드렸던 겁니다. 크고 작은 문제 앞에서 조급하게 잔머리를 굴리기보다 하나님께 예배드리며 그분 뜻이 이루어지기를 잠잠히 기다리게 되었습니다. 그러한 변화는 공동체에도 잔잔한 영향을 미치기 시작했습니다.

열매는 서서히 무르익어가는 법이지만 간혹 눈에 띄는 결과가 나타나 저를 흥분하게 했습니다. 소리를 지르며 난동을 피던 자폐아가 찬양을 따라 부르며 리듬에 맞추어 좌우로 몸을 흔들기 시작했고, 한 지적장애인은 사도신경과 주기도문을 외우며 예배에 동참하였습니다. 그뿐이 아니었습니다. 하나님의 사랑은 그들의 삶의 방식까지도 변화시키셨습니다. 대소변을 스스로 가리는 것은 물론이고 의사소통도 하지 못하던 아이들이 서로를 챙기며 돕는 모습도 보이기 시작했던 것입니다. 얼마나 감동인가요? 하나님의 은혜 이외에 다른 말로는 도저히 설명될 수 없는 일들이 벌어졌습니다.

우리가 예배를 통해서 주님의 도우심을 힘입을 때 비로소 '서로 사랑하라'라는 하나님의 명령(요 13:34)에 순종할 수 있습니다. 예배를 통한 자기부정과 하나님의 일하심이 시발점이 되어 성령을 힘입을 때만 인간은 비로소 서로를 섬길 수 있는 것입니다.

제가 삶의 예배를 목숨과 같이 소중히 여기는 이유도 바로 이 때문입니다. 삶의 예배에서 멀어지는 순간, 맡겨진 양 무리를 신실하게 돌볼 길이 없습니다. 오히려 형식과 외식에 빠져 형제를 미워하고 정죄할 게 뻔합니다.

"… 아버지께서는 자기에게 이렇게 예배하는 자들을 찾으시느니라"(요 4:23)

7 불의한 청지기? 지혜로운 청지기!

"청지기가 속으로 이르되 주인이 내 직분을 빼앗으니 내가 무엇을 할까 땅을 파자니 힘이 없고 빌어 먹자니 부끄럽구나"(눅 16:3)

불의한 청지기가 있습니다. 욕심에 사로잡혀 주인의 재산을 허비하던 그였습니다. 그러던 어느 날, 해고통지를 받고 말았습니다. 청지기를 지켜보던 주인의 인내심이 한계에 다다른 것입니다. 우리의 시각으로 보면 주인의 결정이 가혹하게만 느껴집니다.

분명 청지기는 주인에게 금전적으로 큰 유익을 주었습니다. 주인의 재산을 이용하여 많은 이들에게 돈을 빌려주고, 그에 따른 이자를 받아 주인의 재산을 불려주었던 것입니다. 그랬던 그가 주인의 소유 일부를 빌려 사용한 것이 어찌 큰 죄라 할 수 있을까요? 저라면 마음껏 쓰라고 신용카드라도 쥐어 줬을 것입니다.

하지만 주인은 청지기를 다그치며 해고를 예고하였습니다. 누구든지 그런 상황이 닥치면 오히려 자기변명으로 일관하며 강퍅해지기 마련입니다. 그러나 청지기는 이내 자신의 한계를 인정하고 속죄 모드로 돌입합니다. 육체적으로 연약하여 노동이 불가한 자신의 모습과 정신마저 허약해 남들에게 손조차 내밀지 못하는 자신의 현실을 마주하며 주인의 은혜가 없이는 스스로 설 수 없음을 깨우친 것입니다.

모름지기 지혜로운 사람은 청지기같이 행동한다는 것이 이 비유의 가르침입니다. 징계와 심판 앞에서 돌이켜 하나님의 뜻을 찾아 복종하는 것이 참된 지혜인 것입니다. 주인 되시는 하나님의 은혜가 없는 인생은 아무런 의미가 없고 결코, 온전히 살아갈 수도 없음을 깨달았기 때문에 청지기의 행동은 다시금 주인의 관심을 끌기에 이릅니다.

"주인에게 빚진 자를 일일이 불러다가 먼저 온 자에게 이르되 네가 내 주인에게 얼마나 빚졌느냐"(눅 16:5)
"주인이 이 옳지 않은 청지기가 일을 지혜 있게 하였으므로 칭찬하였으니…"(눅 16:8)

오랜 시간 주인을 모시고 살았던 그는, 주인의 성품을 낱낱이 꿰고 있었기에 주인의 마음을 돌릴 묘책을 떠올렸습니다. 그리고는 갑자기 주인에게 빚진 자들을 불러들였고 형편에 따라 빚을 탕감해 주기 시작했습니다. 거기까지는 청지기로서 얼마든지 할 수 있었던 영역이었습니다. 주인으로부터 해고를 당하고 쫓겨나면 빚을 탕감받은 자들이 자신에게 은혜를 베풀 것이라 여긴 것입니다. 하지만 주인의 시각으로 보면 청지기의 행동은 결코 지혜로운 처사가 아니었습니다. 오히려 주인에게 손해를 끼치고 금전적으로 큰 부담을 안겨주는 그릇된 행동이었습니다. 그런데 주인은 쉽사리 이해가 되지 않는 반응을 보였습니다. 오히려 청지기의 처사를 지혜롭게 여기며 칭찬을 아끼지 않았던 것입니다.

청지기의 비유를 통해서 성경이 말하는 "회개"의 의미를 배울 수 있어야 합니다. 회개란 입술로 죄를 자백하는 것만을 의미하지 않습니다. 참된 회개는 자신의 불의를 깨닫고 돌이키는 것을 넘어, 같은 처지의 이웃을 감싸며 주인께 받은 은혜를 여러 모양으로 유통할 때에 비로소 완전해지는 것입니다.

> "여짜오되 이것은 내가 어려서부터 다 지키었나이다 예수께서 이 말을 들으시고 이르시되 네게 아직도 한 가지 부족한 것이 있으니 네게 있는 것을 다 팔아 가난한 자들에게 나눠 주라 그리하면 하늘에서 네게 보화가 있으리라 그리고 와서 나를 따르라 하시니"(눅 18:21-22)

율법을 오용하는 자들이 더러 있습니다. 지킬 수도 없는 그것을 억지로 지키면서 자신의 의로움을 은근히 드러내는 자들 말입니다. 부자 청년이 그랬습니다. 그는 운 좋게 예수님을 만났지만, 유세 떨기에 바빴습니다. 자신이 어려서부터 모세의 율법을 지켜왔다며 고개를 세우고 목소리를 높였습니다. 하지만 감추어져 있는 어두운 속내는 숨길 수가 없습니다. 신앙에 관해 자신만만한 체하였지만, 그는 구원의 방도를 찾지 못하였습니다. 그래서 예수님께 영생에 관하여 질문했던 것입니다. '어려서부터 율법을 지키며 살아왔는데 구원에 관하여 확신이 없다?' 앞뒤가 맞지 않습니다.

하지만 예수께서는 무지하고 교만한 청년을 사랑하셨습니다(막 10:21). 그래서 구원을 얻을 온전한 방법을 알려주셨습니다. 실체도 없는 인간의 의와 육체적인 행함으로 율법에 순종하는 게 아니라, 도리어 율법을 통해서 자신의 원죄를 깨달아 같은 처지의 이웃을 섬기며 사랑하라는 것이었습니다. 하지만 율법의 참된 기능을 깨닫지 못했던 청년은 절체절명의 기회를 놓치고 말았습니다.

> "온 율법은 네 이웃 사랑하기를 네 자신 같이 하라 하신 한 말씀에서 이루어졌나니"(갈 5:14)

사도바울이 에베소서를 통해 강조한 '성도의 연합'은 성도 개개인이 율법을 통하여 자신의 죄를 깨달아 서로의 입장을 헤아리며 중보할 수 있는 상태를 의미합니다(엡 4:3). 우리가 말씀을 거울삼아 우리의 더러운 실체를 깨닫고 낮아질 때 우리는 비로소 서로를 사랑하며 하늘에 계신 하나님께만 영광 돌릴 수 있게 되는 것입니다.

율법은 참회와 이웃사랑을 목적으로 존재함을 명심해야 합니다. 율법으로 인하여 자신의 불의한 모습을 발견했다면 반드시 주께서 입히신 은혜를 이웃에게 흘려보내야 합니다. 이와 같은 모습이 주인께서 기대했던 불의한 청지기의 성화이고 주님께서 모든 성도에게 구원을 베푸신 이유입니다.

8 빚 진자의 특별한 동정

"비가 오고 날이 차매 원주민들이 우리에게 특별한 동정을 하여 불을 피워 우리를 다 영접하더라"(행 28:2)

성경이 말하는 선행이란 양심에 따라 습관적으로 이웃을 대접하는 미덕 따위를 가리키지 않습니다. 오직 예수님의 은혜로 구원을 얻은 자가 그 은혜를 갚을 요량으로(다 갚을 수도 없지만) 하나님의 말씀에 순종하기 위한 몸부림이라 할 것입니다. 하지만 지난날, 표면적인 사역에 치우쳐 한 영혼을 위한 수고는(갈 4:19) 팽개쳤던 저의 모습을 생각하면 지금도 아찔하지 않을 수 없습니다.

유대인들의 박해로 인해 로마로 압송되었던 바울은 유라굴로 광풍을 만나 2주간이나 바다에서 표류하다가 기사회생으로 멜리데 섬에 상륙했습니다. 그리고 바울 일행은 원주민의 도움으로 위기에서 벗어나 흰 숨을 돌리게 됩니다. 그런데 말씀을 묵상하면 할수록 멜리데 섬 주민들을 향한 하나님의 특별한 애정을 확인할 수가 있습니다. 하나님께서는 분명 그들을 생각하셔서 사도바울을 그곳으로 인도하셨습니다.

"… 이 사람은 살인한 자로다 바다에서는 구조를 받았으나 공의가 그를 살

지 못하게 함이로다 하더니"(행 28:4)

그런데 그때 사건이 벌어졌습니다. 불을 피우기 위해 나뭇가지를 줍던 바울이 독사에 물리게 되었습니다. 그러한 광경은 멜리데 섬 주민들에게 적잖은 충격을 주었던 것 같습니다. 그들은 독사에 물린 바울을 살인자로 몰며 그 독이 온몸에 퍼져 곧 죽을 것이라 예상하였습니다(행 28:4-6). 그리고 공의를 들먹이며 신께서 그를 저주하셨다고 주장하였습니다. 하지만 바울은 독사에 물리고도 멀쩡하였습니다.

성경은 이러한 사건을 통하여 멜리데 섬 주민들이 가진 죄책감을 간접적으로 드러내고 있습니다. 멜리데 섬 주민들이 고난을 받는 바울 일행에게 보여준 특별한 동정 또한 그러한 사실을 증명합니다. 그들은 사도바울이 죄를 지었기 때문에 독사에 물렸다고 믿었던 것처럼, 바울과 함께한 다른 사람들이 광풍을 만난 것 역시 죄악에서 연유된 고난이라고 추측했을 게 분명합니다. 하지만 그들은 바울 일행을 비판하고 정죄하기보다 오히려 그들을 불쌍히 여기며 섬겼습니다. 바울 일행에게서 동병상련의 마음을 느꼈던 것일까요? 죄를 범하므로 고난받는 신세가 남의 일 같지 않았나 봅니다. 당시 멜리데 섬 주민들 역시 여러 가지 질병으로 딱한 처지에 있었으니 더욱 힘써 도움을 베풀 수 있었던 것입니다(행 28:8).

"믿는 자들에게는 이런 표적이 따르리니 … 뱀을 집어 올리며 무슨 독을 마실지라도 해를 받지 아니하며 병든 사람에게 손을 얹은즉 나으리라 하시더라"(막 16:17-18)

바울은 그들의 선행에 복음으로 보답하였습니다. 독사에 물리고도 죽지 않은 자신을 신으로 추앙하려던 그들에게 예수 그리스도를 믿고 의지해야만 죽지 않고 살 수 있음을 똑똑히 증거했던 것입니다(행 28:8-9). 자신들의 죄를 부끄러워하며 고난받는 형제를 불쌍히 여겼던 멜리데 섬 주민들에게 하나님께서 바울을 통하여 진리의 말씀을 허락하신 것입니다.

"헬라인이나 야만인이나 지혜 있는 자나 어리석은 자에게 다 내가 빚진 자라 그러므로 나는 할 수 있는 대로 로마에 있는 너희에게도 복음 전하기를 원하노라"(롬 1:14-15)

사도바울과 같이 복음을 위해서 헌신한 자가 또 있을까요? 온갖 핍박과 환난 속에서도 오로지 복음을 전하기 위해 힘썼던 하나님의 사도입니다. 그런데 그런 사도바울이 자기 자신을 '빚 진자'로 정의하는 이유는 무엇일까요?

"땅에 엎드러져 들으매 소리가 있어 이르시되 사울아 사울아 네가 어찌하여 나를 박해하느냐 하시거늘"
"같이 가던 사람들은 소리만 듣고 아무도 보지 못하여 말을 못하고 서 있더라"(행 9:4, 7)

사울은 그리스도의 육성을 똑똑히 들었습니다. 어떠한 신비한 형상으로 예수를 만난 것이 아니었습니다. 말씀이 육신이 되신 예수께서 책망의 음성으로 그를 깨우쳐주셨습니다. 그리고 같은 기적이 그의 일행에게도 임하였습니다. 하지만 그들의 반응은 서로 달랐습니다. 사울은 예수님의 음성을 두려워하며 땅에 엎드렸지만, 그의 일행은 요지부동이었던 것입니다. 오직 사울만이 죄책감에 사로잡혀 거꾸러졌습니다. 평생 복음을 위해 헌신했던 사도 요한이 두려움 가운데 예수님을 만난 것처럼(계 1:17), 사울도 빛 되신 그분 앞에 자신의 허물이 모두 드러나고야 말았습니다.

그러한 죄책감은 한동안 계속되었습니다. 구원의 희망이 사라진 현실을 체념하며 식음을 전폐하기까지 하였습니다. 어쩌면 자결을 결심했는지도 모르겠습니다. 하지만 예수께서는 그의 절망을 희망으로 바꾸어 놓으셨습니다. 제자 아나니아를 통하여 사울을 용서하시기로 작정하신 것입니다. 그때부터 사울은 참된 은혜를 경험하게 되었습니다.

"아나니아가 떠나 그 집에 들어가서 그에게 안수하여 이르되 형제 사울아 … 예수께서 나를 보내어 너로 다시 보게 하시고 성령으로 충만하게 하신다"(행 9:17)

아나니아에게 사울은 어떠한 존재였을까요? 예수를 믿는 자들을 결박하여 죽이기까지 했으니 원수로 여겼을 게 분명합니다(행 9:13-15). 하지만 아나니아는 예수님의 명령을 따라 그를 형제로 받아들이기로 작정하였습니다. 멜리데 섬 주민들이 특별한 동정으로 바울과 그의 일행을 섬겼듯이, 아나니아 역시 지난날 자신들의 허물을 기억하며 말씀에 순종하므로 범죄한 형제를 용서하였던 것입니다.

어쩌면 사도바울에게는 예수 그리스도의 육성을 들은 것 보다, 아니니아가 자신을 형제라 여겨주었던 것이 더욱 큰 기적이었을지도 모를 일입니다.

믿음이 있다 하면서도 죄악에 갇혀 사는 성도들은 여전합니다. 죄의 의미가 '과녁에서 벗어난 상태'를 뜻하는 것과 같이, 죄를 범하고도 자신의 허물은 망각한 채 형제를 정죄하는 자들을 보는 것은 어렵지 않습니다. 그들이야말로 복음의 의도에서 벗어난 배은망덕한 자들이라 하지 않을 수 없습니다.

사도바울은 자기를 부정하는 믿음에서 하나님을 향한 참다운 믿음이 생겨난다고 말하였습니다(롬 1:17). 거듭 강조하지만 참된 회개란 혀에 발린 고해성사이기보다 자신의 죄를 인정하고 시인하여 예수의 명령을 따라 형제를 용서하기로 작정하는 것입니다.

아나니아가 하나님의 음성을 듣고 사울을 형제로 받아들였다는 사실을 결코 가볍게 여겨서는 안 됩니다. 당시 예수를 따르는 자는 누구나 사울의 표적이었고 증오의 대상이었으니, 그를 찾아가 화해의 손을 내미는 것은 목숨을 담보로 한 도박과 같은 일이었을 겁니다. 그것은 믿음이 아니고는 결코 해석 불가능한 이야기입니다.

하나님의 영광을 추상적으로 해석하는 경향이 많습니다. 손을 들고 찬양하거나 목청을 높여 '아멘'하는 것으로 그 역할을 다한 것이라 치부하려는 태도 말입니다. 하나님의 영광은 말로도 고백해야 하지만 결코 말로만 끝나서는 안 되는 일입니다. 그것은 오직 '이웃사랑'으로만 완성되는 특징을 가졌음을 반드시 기억해야 합니다. 모든 성도가 참된 회개로 낮아져 한마음을 이루고 서로를 섬기며 사랑할 때, 그때 하나님만이 홀로 높임을 받으시는 것입니다(엡 1:10).

9 낡은 운동화와 건축헌금

부교역자로 10년 넘게 교회를 섬기던 시절, 교회를 개척하는 일은 늘 이루고 싶은 간절한 바람이었습니다. 그 간절함은 서른여덟 즈음이 되어서야 조금씩 현실로 다가가고 있었습니다. 뜻을 같이했던 동역자들과 계획을 세우고 기도하며 꿈을 향해 전진했던 것입니다. 그 과정에서 건축은 예상치 않은 난관에 부딪혀 여러 차례 멈추다 진행하기를 반복했습니다. 무작정 밀어붙여도 좋을 만큼 재정이 넉넉했던 것도 아니었기 때문에 부담감은 이루 말할 수 없었습니다. 돌이켜보면 오히려 그 과정이 우리에게는 더욱 큰 축복이었습니다. 난처한 상황에 놓이게 되었을 때, 전교인이 합심하여 금식하며 더욱 하나님을 의지할 수 있게 되었으니 말입니다. 그래서인지 그 시절 기도원에 올라 금식하며 기도하는 것은 일상이었습니다.

하루는 예배당 건축에 대한 부담을 잠시 내려놓고 기도원으로 향했던 일이 있었습니다. 성도 한 분이 목회자를 섬긴다며 좋은 구두를 선물해주었기에 한껏 멋을 부리고 기도원을 찾았던 것입니다. 지금 생각해도 어찌 그리 철없고 단순했는지 모르겠습니다.

언제나 그렇지만 기도원에서의 집회는 찾는 이들에게 항상 역동적인 풍경입니다. 서로 약속이라도 한 듯 찬양할 때는 좌우 반동으로, 기도

할 때는 앞뒤 반동으로, 설교를 들을 때는 언제나 큰 목소리로 '아멘'이라고 합창을 합니다. 세상에서 지치고 곤하여 무감각해진 심령에 기도원의 뜨겁고 역동적인 분위기는 큰 감동으로 다가옵니다. 그곳에 있는 것만으로도 새로운 은혜의 기회를 제공받습니다. 결정적으로 도전을 주는 것은 단연 강단에서 선포되는 강렬한 말씀입니다.

그날도 말씀을 통해 큰 위로를 받은 저는, 여느 때와 같이 몸을 앞뒤로 흔들며 부르짖는 기도를 하고 있었습니다. 그런데 그날따라 앞쪽에서 기도하는 한 성도의 모습이 눈에 들어왔습니다. 꾀죄죄한 차림에 낡은 운동화를 신은 그 초라한 모습은 기도하는 내내 저의 심기를 불편하게 했습니다. 그런데 정말이지 그분의 낡은 운동화가 눈에 들어오지 않았더라면 그날의 은혜는 제게 큰 감동으로 기억되지 않았을지도 모릅니다. 살아오면서 그렇게 낡은 신발은 처음 보았습니다. 닳을 대로 닳은 운동화 밑창은 갈라지기까지 해서 금방이라도 발가락이 뚫고 나올 기세였습니다. 기도원에 오면서 새 구두에 잔뜩 멋을 부리며 차려입고 온 제 모습과는 비교할 수 없이 초라한 모습이었습니다.

그런데 언제나 불길한 예감은 빗나간 일이 없습니다. 그 순간 하나님의 음성이 제 귓가를 때렸던 것입니다.

"주언아, 저 사람에게 네 신발을 벗어 주어라."

이것이 성령의 음성이었음을 확신하는 이유는 아주 간단합니다. 제 안에서는 결코 그러한 선함이 날 수 없기 때문입니다. 성도의 귀한 선물을, 저를 위해 베푼 사랑을, 얼굴도 이름도 모르는 낯선 누군가에 선뜻 내어줄 감동적인 선함이란 처음부터 제게 날 수 없는 것입니다. 설령 성령께서 어떤 감동을 주신다고 해도 누군가처럼 곧바로 순종할 수 있는 믿음 충만한 목회자도 못 됩니다. 한참을 성령의 음성을 무시하려 씨름하고 갈등하다가 결국에는 못 이기는 척 항복하는 일들이 허다한 저입니다. 그날도 그런 모습은 조금도 빗나가지 않았습니다. 글을 쓰고 있는 지금도 솔직한 심정을 말한다면 처음 보는 사람에게 방금 선물 받은 새 구두를 오롯이 헌납하는 일은 정녕 쉽지 않은 일입니다. 그날도 모른 체하려 인상을 쓰다가 결국 하나님의 뜻을 받아들이기로 어렵게 마음먹었습니다.

뜨거웠던 기도가 잠시 조용해졌을 때, 용기를 내어 기도하고 있던 그분께 조심스럽게 다가가 인사를 건넸습니다. 그리고는 하나님께서 제게 주신 감동과 은혜를 전했습니다. 처음에는 그분도 경계심 가득한 눈빛으로 저를 아래위로 훑어보시더니 이야기나 들어보자는 듯 고개를 끄덕이셨습니다. 자초지종을 들으며 이야기가 끝나갈 무렵에는 마음이 열렸는지, 자신은 머물 곳조차 없는 떠돌이고, 추위를 피해 기도원을 찾아왔다며 신세타령하듯 애처로운 자신의 처지를 쏟아내셨습니다. 당시만 해도 노숙자들이 기도원에서 식사와 잠자리를 해결하곤 했었으니 그렇게 특별한 일도 아니었습니다. 아무튼, 대화는 그렇게 끝이 났고 마치 의식이라도 치르듯 조심스레 새 구두를 벗어 그의 손에 들려주었습니다. 떨리는 손으로 새 구두를 받아 든 그분은 하나님께서 베푸시는 은혜가 너무도 감사하다며 연신 눈물을 훔쳐대셨습니다.

함께 손을 잡고 주님께 감사하는 기도를 드린 뒤 자리에서 일어난

저는, 황급히 매점으로 향했습니다. 아무리 생각해도 목사로서 그렇게 낡고 떨어진 운동화를 신고 활동하는 것을 마음으로 쉬이 받아들이지 못했습니다. 아니 생각만 해도 싫었습니다. 그래서 매점으로 달려가 삼선슬리퍼를 사 신었고 슬리퍼 차림으로 집으로 돌아왔습니다. 지금 돌아보아도 그때 그렇게 행동했던 제 모습이 주님께 얼마나 부끄럽고 죄송한지 모릅니다. 하지만 마음 한편에서는 그동안 느껴보지 못했던 무엇인가가 느껴졌습니다. 받는 기쁨보다 베푸는 기쁨! 저를 뿌듯하고 행복하게 만드는 어떠한 힘이 샘솟았습니다. 좀 과장해서 말하면 마치 열두 사도 중에 하나라도 된 듯한 자부심까지 느껴졌습니다.

그 일이 있은 며칠 뒤, 아버지로부터 연락이 왔습니다. 자수성가해서 가정을 일구신 아버지는 언제나 자식들에게 엄하셨습니다. 특히 목회의 길을 걷는 저에게는 더욱더 그러하셨습니다. 하나님께 인정받는 목회자가 되려면 어떠한 고생도 마다하지 않고 이겨내야 한다며 지원에 인색하셨던 것입니다. 그런데 그날은 전혀 예상치 못했던 일이 생겼습니다. 교회 건축에 사용하라며 거액의 헌금을 보내주신 것입니다. 그로 인해 재정의 어려움으로 주춤했던 건축을 다시 시작할 수 있게 되었습니다.

부끄럽게도 작은 것을 빼앗기듯 하나님께 내어드렸지만, 그러한 순종마저 가상히 여기셔서 아버지의 손을 통해 큰 은혜를 허락해주셨던 하나님은, 여전히 제가 기댈 수 있는 유일하신 분이십니다.

초라한 삶의 흔적일지라도 누군가에게 소망이 될 수 있다면, 새 구두 한 켤레를 움켜쥐고 즐기는 기쁨보다 낡은 운동화를 받아들이는 것을 기쁨으로 여길 수 있는 우리가 되길 오늘도 간절히 기도합니다.

10 두 과부의 서로 다른 믿음

"여호와께서 엘리야를 통하여 하신 말씀 같이 통의 가루가 떨어지지 아니하고 병의 기름이 없어지지 아니하니라 이 일 후에 그 집 주인 되는 여인의 아들이 병들어 증세가 심히 위중하다가 숨이 끊어진지라"(왕상 17:16-17)

하나님께서는 엘리야를 시돈 땅으로 보내셨습니다. 하지만 이세벨의 갖은 핍박으로 영적인 에너지가 고갈된 그에게는 너무나도 가혹한 명령으로 보입니다. 시돈은 바알 숭배자들의 거처로 이세벨의 아버지 엣바알이 다스리던 곳이었기 때문입니다. 만약 시돈에서 엘리야의 정체가 발각이라도 되는 날에는 목숨을 잃을 게 뻔했습니다. 하지만 그런 그곳에 여호와를 섬기는 한 과부가 살고 있었습니다. 이는 하나님께서 엘리야를 시돈 땅으로 보내신 것만큼 신기하고 놀라운 일이 아닐 수 없습니다. 하지만 과부의 사정이 너무나도 처절합니다. 그녀는 빈곤한 삶 가운데 마지막 끼니를 해결한 뒤 생을 마감하려고 마음먹었습니다. 사실 당시 시돈 땅 전체가 그랬습니다. 우상으로 얼룩진 그들의 삶에 하나님의 진노가 임하여 흉년의 상황까지 내몰려 있었던 것입니다. 그런데 그런 딱한 상황에 놓여 있는 과부에게 엘리야가 황당한 부탁을 하게 됩니다. 과부의 처지를 아는지 모르는지 그녀가 가진 마지막 가루와 기름을 가지고 자신을 위해 떡을 만들어 오라고 하는 것입니다. 하지만 뜻밖에도 과부는 엘리야의 명령에 일언반구도 없이 순종하였습니다. 너무나 이기적이고 잔인한 명령처럼 생각되는 순간이었지만 그녀는 아무 말 없이 엘리야를 위한 떡을 준비했습니다.

순종에 대한 대가였을까요? 과부에게 놀라운 하나님의 축복이 임하게 되었습니다. 비어있던 통에 가루가 떨어지지 않고 기름이 없어지지 않았던 것입니다. 하지만 그러한 만족이 주는 기쁨도 잠시, 과부는 아들이 요절하는 고통에 빠지게 됩니다.

때론 하나님의 음성이 고난을 통해서 들려질 때가 있습니다. 비록 고난이 견딜 수 없는 고통에 빠지게 하고 숨쉬기조차 힘겨운 상황에 이르게 할지라도 그럴수록 더욱 하나님을 주목해야 합니다. 우리를 자녀와 같이 대우하시기에 어리석음을 깨닫길 바라시며 초달을 대시는 것입니다. 그렇다면 하나님께서 고난을 통해 과부에게 말씀하시는 것은 무엇일까요?(히 12:8).

"그 여인이 하나님의 사람에게 나아가서 말하니 그가 이르되 너는 가서 기름을 팔아 빚을 갚고 남은 것으로 너와 네 두 아들이 생활하라 하였더라"
(왕하 4:7)

열왕기하의 말씀에서도 사르밧 과부의 이야기와 유사한 내용의 사건이 등장합니다. 그녀는 가난한 선지 생도의 아내였습니다. 그러나 졸지에 남편을 잃고 과부가 되어, 두 자녀를 종으로 팔아야 할 만한 빚을 지게 되었습니다. 그녀는 기름 한 그릇 외에는 아무것도 가진 것이 없었습니다. 하지만 엘리사를 만나 인생이 반전되었습니다. 사르밧 과부와 같이 빈 그릇마다 기름이 가득 채워지는 놀라운 축복을 경험하게 되었던 것입니다.

　엘리사는 곤고함에서 벗어난 과부에게 한가지의 명령을 더 하였습니다. 받은 복을 채권자들에게 먼저 나누어 주라는 것이었습니다. 그녀가 궁핍하던 시절, 큰 도움을 주었던 이웃들에게 은혜를 갚는 것이 하나님의 바램이었습니다.

　성경을 복음으로 해석하기 위해서는 당시 시대적 정황을 이해할 필요가 있습니다. 지금이야 먹고 마실 것이 풍족하고 세간살이 또한 넘쳐나지만, 당시의 상황은 그렇지 못했습니다. 대개 식솔의 수 대로의 그릇과 잔을 구비하는 정도가 일반적이었습니다. 하지만 흉년이 든 까닭에 그 얼마 되지 않은 초라한 그릇들에 먼지만 쌓여가고 있었습니다. 그래서 주위 사람들은 흔쾌히 자신들의 그릇을 빌려줄 수가 있었고(왕하 4:3) 찢어지게 가난했던 과부는 여기저기서 빌려온 그릇마다 기름을 가득히 채워 자신의 채무도 해결하게 되었습니다. 남편을 잃고 두 아들마저 종으로 끌려가게 될 상황에 놓인 과부가 하나님의 말씀에 순종하므로 큰 보상을 받아 이웃에게 축복을 나눌 수 있는 넉넉한 삶을 누리게 되었던 것입니다.

　과부가 받아 누린 축복을 묵상하며 시돈 땅에 임했던 고난의 이유를 깨닫게 되었습니다. 하나님께 축복을 받는 것보다 더 중요한 것은 그 받은 복을 어떻게 사용하느냐는 것입니다. 사르밧 과부에게 복과 함께 고난이 임한 것은 그가 하나님께 받은 축복을 독식하며 어려운 이웃에게 유통하지 못했기 때문이 아닐까요?

"이 일 후에 그 집 주인 되는 여인의 아들이 병들어 증세가 심히 위중하다가 숨이 끊어진지라"(왕상 17:17)

사르밧 과부는 집주인이었습니다. 남편 없이 살았던 과부로 등장했으나 지난날 하나님께서 주신 축복으로 자신의 거처까지 소유하게 된 것입니다. 하지만 과부는 그러한 축복을 주신 하나님의 뜻을 이해하지는 못했습니다. 그로인해 과부는 잠시의 축복을 누리다가 이내 고난을 받게된 것입니다. 물론 하나님께서 엘리야를 통해 다시 아들을 살려주셨지만, 고난앞에서 원망하고 불평하기보다 하나님의 음성을 들어야 했습니다(왕상 17:18).

축복을 이기적인 마음으로 움켜잡으려고 한다면 결코 이웃을 사랑하라는 하나님의 명령에 순종할 수 없습니다. 그러나 받은 은혜에 만족하며 그 사랑을 이웃과 함께 나누려 한다면, 통의 가루가 떨어지지 아니하고 병의 기름이 없어지지 않았던 놀라운 기적이 여전히 우리 삶에 임하게 될 것을 확신합니다.

 회개로 사역하라

　　<골목식당>이라는 텔레비전 프로그램을 즐겨 시청한 일이 있었습니다. 요식업계에서 유명한 CEO가 폐업 위기에 몰린 식당을 찾아 근본적인 문제점을 파악하고 해결 방안을 제시하여 식당가를 다시 살리는 내용이었습니다. 저는 화면에 소개되는 다양한 모습을 보면서 흥미로운 사실 하나를 발견하게 되었습니다. 그것은 음식을 만드는 주인장의 행색과 식당의 위생 상태가 상당히 비례하더라는 것입니다. 대체로 행색이 남루하거나 단정함이 없는 모습으로 등장하는 주인에게서는 사업에 대한 자부심이나 열정적인 모습을 읽기가 어려웠습니다. 그런 주인이 관리하는 주방은 대체로 불결하여 큰 충격을 주기도 했습니다. 반면 행색이 정갈한 주인은 어려운 상황에서도 열정이 살아 있었고 카메라가 비추는 주방 역시 청결하고 정리가 반듯하게 되어있는 모습을 엿볼 수 있었습니다. 물론 식당 위생이 반드시 음식 맛에 비례하는 것은 아니었습니다. 맛깔나게 조리되어 먹음직하게 보이는 음식이었는데도 좋은 평가를 받지 못한 경우들이 많았고, 어떤 식당에서는 위생 상태가 그리 마음에 들지 않기는 했지만, 음식 맛은 훌륭하게 평가받는 장면도 더러 있었습니다.

　　사실 식당은 이윤을 목적으로 음식을 제공하는 사업이지만 확실한 건, 단지 맛있는 먹거리만 제공한다고 성공하는 것은 아니라는 것입니

다. 요리사의 실력도 중요하고 음식 맛도 있어야 하지만, 보다 더 중요시 해야 하는 것이 있다면 식당의 위생이 아닐까 하는 생각이 듭니다. 식당의 위생 상태는 곧 손님들의 건강으로 직결되는 중요한 요소이기 때문입니다. 깨끗하고 위생적인 주방에서 맛난 요리가 나와 손님에게 제공된다면 금상첨화가 아닐까요?

어떤 면에서는 목회자도 요식업을 하는 자들과도 많이 닮았다는 생각이 들었습니다. 성공을 향해 가는 음식점의 기본이 위생적인 환경에서 건강한 음식을 제공하는 것처럼, 목회자 역시 성도의 영혼에 유익한 말씀을 제공하기 위해서는 성결한 삶이 선행되어야 한다는 데에 동의하지 않을 수 없습니다.

목회자는 반드시 신앙생활을 중심으로 사역해야만 합니다. 설교를 잘하고 예배를 얼마나 감동적으로 설계하느냐보다는 하나님의 말씀으로 자신의 삶을 유지하는 것이 더욱 중요한 것입니다. 안타깝지만 거룩함과 정결함으로 준비되어야 하는 게 목회임에도 불구하고, 많은 이들이 하나님의 말씀으로 자신의 삶을 비추고 회개하기보다는 성경을 오로지 설교를 위해서 이용하고 달콤한 말과 논리로 설득하려는 시도만 되풀이합니다. 자신의 더러운 중심은 모른 체하며 성도들에게는 율법의 무거운 짐을 지우는 바리새인들의 모습과 다름이 없습니다(마 23:4).

"… 그들을 성결하게 하며 그들에게 옷을 빨게 하고 준비하게 하여 셋째 날을 기다리게 하라 이는 셋째 날에 나 여호와가 온 백성의 목전에서 시내 산에 강림할 것임이니"(출 19:10, 11)

익숙한 말이지만 목회란, 눈에 보이지 않는 하나님께 기쁨을 드리는 일입니다. 이 사실을 인정하는 자라면 누구나 말씀으로 자신의 중심을 살피며 회개하기 위해 힘써야 한다는 데에 뜻을 같이할 것입니다. 하나님께서는 거룩하신 분이시라 어둠과 죄악과는 도무지 어울리지 않는 분이십니다. 그래서 오직 회개로 성결함을 유지하는 자만이 하나님의 임재를 맛볼 수 있습니다.

죄 때문에 인생이 어그러지기보다, 회개하지 않아서 하나님의 진노가 임하는 경우가 허다합니다. 구원이 단번에 완성된다면 얼마나 좋으랴마는 시공간에 매여 사는 우리에게 구원은 날마다 회개해야 하는 긴 여정을 요구합니다(빌 2:12).

아무리 회개해도 사라지지 않을 원죄이지만 그것의 작용과 날마다 씨름하며 또다시 말씀의 자리로 돌아가기를 힘써야 합니다. 그렇게 몸부림칠 이들에게 우리 하나님께서는 긍휼과 은혜로 풍요롭게 채우실 것을 믿습니다.

12 보혈의 참된 의미와 기능

목회자라면 누구나 입버릇처럼 '예수의 보혈'을 강조합니다. 하지만 대개는 그것의 절대적 필요성을 간과한 채, 상투적 언어로만 예수님의 보혈을 설교하는 모습을 보이곤 한다는 게 문제입니다. 예수님의 보혈만이 마술처럼 인간의 원죄를 사라지게 할 수 있다며 인간의 구원을 위해 무작정 예수의 피 흘리심을 요구하는 것입니다. 물론 그러한 설교를 대하는 성도들의 입장도 크게 다르지 않습니다. 예수님의 십자가 보혈이 지니는 참된 의미와 해석에는 무지하면서도 예수님의 보혈에 무조건 '아멘' 이라 외쳐대는 성도의 모습을 볼 때마다 슬픔을 감출 길이 없습니다.

"여호와 하나님이 아담과 그의 아내를 위하여 가죽옷을 지어 입히시니라"(창 3:21)

아담과 하와가 선악과를 범하였지만, 그들은 분명 하나님의 은혜로 구원받았습니다. 에덴동산에서 추방되기 전, 하나님께서 입혀주신 가죽옷이 그러한 사실을 증명하기에 충분합니다.

가축의 희생이 있어야 가죽옷을 얻을 수 있다는 것은 누구나 알고 있는 상식입니다. 즉 하나님께서 가축의 피 흘림을 통하여 아담과 하와의 허물을 가려줄 의복을 재단하신 것입니다. 가죽옷은 성경에 최초로 등장하는 화목제물로서 예수 그리스도의 구속사를 예표하는 것입니다(요일 4:10). 하나님께서 자기의 아들을 희생시켜 성도를 구원하시기로 작정하신 것은 창조시대부터 이미 계획되어진 일이었습니다.

예수님의 십자가 보혈을 상징하는 이야기는 성경 곳곳에 숨어 있습니다. 출애굽 전, 이스라엘 백성이 집 문설주와 인방에 발랐던 어린양의 피가 그것을 예표하고(출 12:23) 천국 잔치 비유에서 등장하는 예복도 예수 그리스도의 보혈을 가리키는 것입니다(마 22:12-13).

구원은 죄의 문제가 해결된 자에게만 주어지는 하나님의 선물이지만 그렇다고 사람의 원죄가 완전히 자취를 감추는 것을 의미하지는 않습니다. 그렇기에 원죄를 가릴 수 있는 그 무언가를 발견함이 죄의 문제를 해결하는 성경적 방법론이라 할 수 있습니다. 세상이 가치로 여기는 그 무엇으로도 가릴 수 없는 인간의 원죄를 예수님의 보혈만이 완전하게 가려 하나님의 심판을 면하게 하는 것입니다. 그것은 마치 눈 어두운 이삭이 가죽옷을 입은 야곱을 축복했던 사건과 유사합니다(창 27:16). 예수님의 보혈을 덧입고 십자가 앞으로 나가면 하나님께서 우리의 허물을 모른 체 눈감아주시는 것입니다.

따라서 성도 개인의 자긍심이나 의로움이 구원에 개입될 여지가 없습니다. 자신의 의가 아닌 예수 그리스도의 희생으로 말미암아 구원을 성취하였기에 도리어 빚 진자의 마음을 가져야 하는 것이 정상인 것입니다(고전 1:29-31).

"내가 지을 새 하늘과 새 땅이 내 앞에 항상 있는 것 같이 너희 자손과 너희 이름이 항상 있으리라 … 매월 초하루와 매 안식일에 모든 혈육이 내 앞에 나아와 예배하리라"(사 66:22-23)

만일 의로운 행위로 죄가 사라질 수 있다면 어떤 현상이 나타나게 될까요? 아마도 우리 가운데 하나님을 예배하는 일이 사라지게 될 것입니다. 스스로 결백하게 되었으니 자신 스스로가 하나님이 되어 예배의 필요성을 망각하게 되는 것입니다. 하나님께서 예수님의 보혈로 구속사를 완성하신 이유를 깨달아야 합니다. 가죽옷 뒤에 숨겨져 있는 자신의 허물을 인정하는 자만이 천국잔치에 참여하여 하나님만을 예배할 수 있기 때문입니다.

13 하나님의 뜻대로 하는 근심

"하나님의 뜻대로 하는 근심은 후회할 것이 없는 구원에 이르게 하는 회개를 이루는 것이요 세상 근심은 사망을 이루는 것이니라"(고후 7:10)

사도바울은 성도가 느끼는 죄책감을 부정적인 감정으로 치부하기보다 하나님께서 허락하시는 은혜로 정의했습니다. 범죄로 인하여 인간적인 근심이나 두려움에 사로잡히는 것이 도리어 회개의 밑거름이 되어 성도의 구원을 완성케 함을 강조하였던 것입니다(롬 5:21). 하지만 세상의 쾌락을 추구하는 자들에게 거룩함을 기대하거나 양심의 가책을 느끼며 돌이키기를 바라는 것은 허망한 일입니다. 오히려 그들은 죄악의 기회를 이용하여 자신의 행위와 선택을 정당화하고 세속적인 삶에 의미를 부여하는 데에만 열중합니다. 가인의 후손이었던 라멕이 그런 부류의 인간이었습니다. 그는 이웃의 사소한 실수조차도 용납하지 않았습니다. 자신에게 손해를 입히는 자라면 무자비하게 살해하는 잔인함도 서슴지 않았고 그러한 무용담을 늘어놓으며 자랑질하는 추악함도 주저하지 않았습니다(창 4:23-24). 그렇다고 소년을 살해했던 그에게 일말의 죄책감도 없었을까요?

"… 내가 벗었으므로 두려워하여 숨었나이다"(창 3:10)

인간은 본래 하나님의 형상을 따라 창조되었습니다(창 1:26). 그래서 모든 인간 안에는 사물의 가치를 변별하고 자기의 행위에 대하여 옳고 그름을 판단하는 도덕적 의식이 내재되어 있습니다. 이것이 모든 민족에게 차별 없이 주어지는 하나님의 은혜입니다. 따라서 단언하건대 본디 죄책감이 없는 자들이란 없습니다. 원죄를 가진 인간이기에 자신의 연약함에 수치심을 느껴 자주 두려움에 사로잡히는 것입니다. 하지만 타락한 사람의 본성은 그런 현실 앞에서 하나님을 찾고 의지하기보다는 자신의 자력으로 두려움에 맞서려고만 합니다.

성경에서 처음으로 등장하는 인간의 두려움은 아담에게서 발견됩니다. 그는 하나님께서 금하신 선악과를 먹었고 그로 인해 두려움이 생겨 하나님 앞에서 숨어버렸습니다. 하지만 아담이 느꼈던 두려움은 죄책감에서 연유된 감정이라기보다는 벌거벗은 자신의 수치스러움으로 인한 것이었습니다. 이것이야말로 세상 근심의 실체라 할 것입니다. 자신의 연약함을 깨달아 두려움으로 하나님을 붙잡기보다 도리어 연약함을 감추고 스스로 문제를 해결하고자 하는 교만함인 것입니다. 그러한 근심이 사망을 낳는 이유는 회개로 이어지지 않기 때문입니다(고후 7:10).

어린 시절 저는 아버지의 호수머니에서 천 원짜리 두 장을 훔친 적이 있었습니다. 하지만 돈을 손에 쥐고 희열을 느낀 것은 잠시뿐, 이내 두려움에 사로잡혔습니다. 죄짓고는 못 산다는 말이 맞았습니다. 어린 저는 밤잠도 못 자며 두려움에 사로잡혀 한숨만 쉬어댔습니다. 결국 어두컴컴한 부모님의 방에 몰래 들어가 이천 원을 다시 아버지의 호주머니에 넣고 나왔습니다. 그랬더니 신기하게도 금세 해방감이 들었습니다.

하나님의 뜻대로 근심하며 죄에서 돌이켰더니 평안한 마음에 단잠을 이룰 수 있었습니다.

하나님께서는 두려움과 고통의 과정에서 끊임없이 메시지를 보내십니다. 죄를 범하는 자신을 진심으로 괴로워하며 도움을 구할 때, 하나님은 율법을 통해 우리의 허물을 고스란히 투영하시고 나아가 자비를 더하시는 것입니다. 하지만 대개는 죄책감을 뿌리치고 구원의 필요성을 거부하면서 라멕과 같이 애써 태연한 척 자신을 숨기고 맙니다.

사람과 짐승의 여러 차이점 중에 독특한 것 하나를 말한다면 짐승은 더러움에 개의치 않으나 사람은 더러우면 스스로 씻는다는 것입니다. 짐승은 더러움을 수치스럽게 여기지 않아 아무 거리낌 없이 행동하나 사람은 더러움을 수치로 여겨 깨끗하고 청결한 모습을 유지하려 합니다. 그러한 감정이 사도바울이 강조한 하나님의 뜻대로 하는 근심입니다. 물론 전신을 깨끗하게 목욕하여도 자고 일어나면 다시 더러워지는 것이 인생이지만, 그러한 현실을 고민하며 하나님을 찾고 회개하는 것을 게을리하지 않아야 합니다.

"… 그의 작은 아들 야곱에게 입히고 또 염소 새끼의 가죽을 그의 손과 목의 매끈매끈한 곳에 입히고"(창 27:15-16)

리브가는 둘째 아들인 야곱에게로 장자권이 넘어가게 하려고 남편을 속이는 일을 마다하지 않았습니다. 어쩌면 큰 자가 작은 자를 섬기게 될 것이라는 하나님의 음성을 들었기 때문에 더욱 야곱에게 관심이 쏠렸는지도 모릅니다.

　하지만 출산 후, 첫째인 에서는 사냥에 익숙한 강인한 남자로 성장해 가는 반면 둘째인 야곱은 어머니 곁에서 맴돌았던 딸 같은 아들이었습니다. 서로 다른 그들의 모습에 리브가의 심정은 매우 복잡했을 것입니다. 기업을 무르게 될 야곱의 미래가 더 염려되었기 때문입니다.

　이스라엘에서 장자권은 단지 아버지의 재산을 상속받는 권리만을 의미하지는 않습니다. 그것의 가치는 가문을 대표해서 하나님을 예배하는 제사장으로서의 권위를 물려받는 것에 있었습니다(야곱은 이삭의 재산을 한 푼도 물려받지 않았습니다).

　성경을 통해 그 시절 야곱의 입장을 묵상하노라면 그의 불편한 감정이 고스란히 이입됩니다. 장자권을 소유하지 않아도 자신의 힘을 의지하며 충분히 잘 살 수 있을 에서와 달리, 야곱은 연약한 자신에게 희망이 없음을 깨달았기 때문입니다. 하지만 야곱의 근심은 거룩한 열매를 맺게 되었습니다. 연약한 자신을 인정하고 오직 하나님의 은혜만을 바라게 된 것입니다. 그래서 야곱이 장자권에 집착하게 되었습니다. 평생 하나님을 예배하며 그분의 능력으로 형통한 삶을 누리길 바랐던 것입니다. 그러한 간절한 바람에 어머니 리브가가 힘을 보태었습니다. 에서가 이어갈 장자권이 야곱에게로 넘어갈 수 있도록 책략을 꾸몄습니다. 야곱에게 가죽옷을 입혀 눈 어두운 이삭을 속이기로 작정하였던 것입니다. 그것은 하나님께서 아담과 하와의 허물을 가리시려 가죽옷을 지어 입히신 사건을 연상케 합니다. 스스로 허물을 가릴 수 없는 그들에게 예수 그리스도의 보혈을 발라주신 것 말입니다.

"야곱이 그 어머니 리브가에게 이르되 내 형 에서는 털이 많은 사람이요 나는 매끈매끈한 사람인즉"(창 27:11)

　약자는 근심이 많은 법입니다. 소유나 권리를 가진 자는 자신이 가진 능력으로 험한 세상을 이겨낼 수 있지만 가진 것이 없는 자는 자신의 연약함을 노출할 수밖에 없습니다. 그래서 약함으로 인생을 포기하지 않은 자라면 형통한 삶을 바라며 발버둥을 치기 마련입니다. 그리고 그러한 수고가 결국 하나님만을 바라는 믿음의 초석이 됩니다.
　야곱은 장자가 되었습니다. 아버지 이삭의 재산을 한 푼도 받지 못하였지만, 자신의 연약함을 깨달아 하나님의 도우심을 바라던 그의 모습이 하나님을 감동시켰나 봅니다. 하나님께서는 벧엘에서 그를 만나주셨고 그와 동행을 약속하시며 그를 믿음의 선조 반열에 올려놓으셨습니다.
　그것의 결과가 어떠하든지 근심하는 것을 반기는 자가 어디 있을까요? 어쩌면 그런 이유로 세상 사람들이 더더욱 자력에 끌리는 것이 아닐까요? 무화과 나뭇잎을 엮어 자신의 허물을 가리면 수치심으로 인해 근심할 필요가 없을 거라고 판단하는 것입니다. 태생적으로 털이 많았던 에서는 육체적인 능력으로 자신의 허물을 가릴 수 있다고 믿었습니다. 그래서 장자권에 관심을 두지 않았던 것입니다. 하지만 사람의 자력으로 원죄를 가리기에는 역부족입니다. 그러한 사실을 인정하는 자라면 날마다 자신의 한계를 인정하며 근심해야 합니다. 그리고 예배로 주님의 도우심을 구하며 그분께만 소망을 두어야 합니다. 그것이 무익하게 보이고, 사람들이 인정하지 않아서 때론 마음이 흔들려도 구원은 하나님의 뜻대로 하는 근심을 통해 완성됨을 잊지 말아야 합니다.

14 순두부찌개

　　사도바울의 신앙이 감동보다는 찜찜하게만 다가왔던 연소한 시절이 있었습니다. 바울보다는 사울로 살았던 시기, 그의 행적이 눈에 거슬리게 기억되어 있기 때문입니다. 대제사장에게 예수 믿는 자들을 잡아다가 옥에 넘길 수 있는 권한을 받아 가졌던 그는 많은 성도를 핍박하였으며 심지어 죽이는 데까지 참여하였습니다. 하지만 예수께서는 그런 그를 먼저 찾아오셨고 만나주셨습니다. 성경은 간절히 찾는 자가 예수님을 만날 것이라 했지만 사도바울만큼은 예외인 것 같습니다. 예수님을 찾기는커녕 믿는 자의 원수가 되었는데도 예수께서는 그를 찾아와 만나주시지 않으셨던가요.

　　초등학교 시절, 학교 근처에 아버지의 사업장이 있었습니다. 방과 후 집으로 돌아오는 길이면 종종 아버지를 찾아가곤 했습니다. 그러면 아버지께서는 언제나 맛있는 순두부찌개를 사주셨습니다. 사무실 맞은편 노포에서 파는 순두부찌개는 참으로 일품이었습니다. 그곳에는 연세가 지긋하신 어머님을 도와 식당을 운영하는 아들이 있었습니다. 그 형은 어린 저를 좋아해 주었습니다. 그래서 배달을 올 때마다 늘 자전거를 태워주며 마을을 한 바퀴 돌아주곤 했지요. 지금도 눈을 감으면 그 형의 허리춤을 잡고 자전거로 마을을 한 바퀴 돌던 기억이 눈에 선합니다. 시원한 바람을 맞으며 형과 함께 자전거를 타고 동네를 도는 것은 그 시절, 저의 큰 행복이었습니다.

어느 날, 전과 같이 형과 자전거를 타고 있었는데 그날따라 기분이 무척이나 좋았습니다. 어찌나 좋았던지 그 시절 유행했던 만화영화 주제곡을 부르며 뒷자리에서 방정스럽게 다리를 흔들어댔습니다. 그런데 순간 무언가가 다리를 강타하는 것을 느꼈습니다. 알고 보니 골목에서 놀고 있던 여자아이의 머리를 치고 만 것입니다. 그 순간 아이의 비명은 골목을 가득 메웠습니다. 평화로웠던 골목의 저녁 풍경은 사라지고 순간 아수라장이 되고 말았던 것입니다. 어떻게 아셨는지 여자아이의 부모님이 뛰쳐나와 형의 멱살을 잡고 흔들며 욕설을 퍼부었습니다. 이집 저집에서 나온 주민들은 그분들을 거들며 형을 나무라기 시작했습니다. 그때 형의 얼굴은 새파랗게 질려있었습니다. 상황을 제대로 파악하지 못한 형은 어떻게 사고를 냈는지도 대답하지 못했습니다. 그러던 중 사람들의 시선은 제게로 쏠렸습니다. 여자아이가 다친 이유를 저에게 따져 묻는 것입니다. 혈기 섞인 목소리와 무서운 눈초리에 손이 저렸습니다. 그 사단이 제 발에서 시작되었다는 사실을 알게 되면 주민들이 달려들어 금방이라도 저를 어떻게 할 것만 같았습니다. 그래서 자전거에 여자아이가 치인 것 같다고 거짓말을 둘러댔습니다. 그 말을 들은 주민들은 형을 끌고 식당으로 쫓아갔습니다. 사실 그 뒤로는 아무 기억이 나지 않습니다. 그때의 충격 때문에 정신을 잃었는지도 모르겠습니다.

그날 이후부터는 아버지의 사무실을 찾아가지 않았습니다. 형을 볼 면목도 없고 거짓말이 탄로라도 날까 노심초사했던 것입니다.

세월이 흘러 목사 안수를 앞 두고 기도원에 올라 금식기도를 하고 있었습니다. 그런데 하나님께서 그때의 기억을 떠오르게 하셨습니다. 저 때문에 누명을 쓰고 억울했을 형을 생각하니 미안하기 그지없었고 죄책감에 사로잡혔습니다. 아무리 돌아보아도 저 같은 사람이 성직자가 되는 것은 어울리지 않는다는 생각에 통곡이 터져 나오기 시작했습니다. 그렇게 기도하면서 기도원 성전에서 잠이 들었는데, 금빛으로 빛나는 열쇠를 받는 꿈을 꾸었습니다. 꿈이었지만 그것은 베드로가 받아 가졌던 천국열쇠라는 확신이 들었습니다(마 16:19). 비몽사몽간에 꿈을 꾸고 깨었는데 아직 캄캄한 밤중이었습니다. 하지만 저는 그대로 바닥에 무릎을 꿇었습니다. 하나님의 뜻을 다 이해할 수는 없었지만 부족한 저를 제사장으로 택하신 하나님께 죄송함과 감사함이 뒤범벅되었습니다. 그리고 새벽예배 시간 선포된 말씀을 통해 하나님은 다시 한번 제게 경종을 울리셨습니다.

"그러므로 형제들아 우리가 빚진 자로되 육신에게 져서 육신대로 살 것이 아니니라"(롬 8:12)

사도바울은 거듭해서 자신과 성도들을 '빚진 자'로 정의합니다. 모든 인간은 예수님을 경험하기 전, 사도바울과 같이 이웃에게 돌이킬 수 없는 피해를 주었습니다. 그러나 사도바울은 하늘로부터 큰 빛으로 임하신 예수님을 알아챘습니다(행 22:6-8). 바울은 그때부터 죄책감에 사로잡혀 식음을 전폐하기 시작했습니다. 하지만 그러한 회개는 오히려 주님의 부르심에 응답하는 발단이 되었습니다. 과거 부끄러움을 회개하며 돌이켜 영혼을 살리는 일에 매진하게 되는 결단이 여기에서 출발하고 있습니다.

아내는 순두부찌개를 맛있게 끓입니다. 그 덕분에 자주 순두부찌개를 먹습니다. 순두부찌개를 먹을 때마다 종종 그때의 기억이 떠오르곤 합니다. 지금은 얼굴도 기억나지 않고 형을 다시 만날 수 있는 상황도 아니지만, 그때 있었던 죄책감을 무시하거나 없었던 것처럼 묻어버리고 싶지는 않습니다. 생각이 날 때마다 죄송한 마음을 되새기며 바울과 같이 빚진 자의 심정으로 복음을 전하며 그 길을 가려 합니다.

15 하나님의 성품에 참여하는 목사 되기

어느 날 공동체에서 함께 생활하는 전도사님께서 100만 원이라는 거액의 헌금을 드리셨습니다. 가난한 교회에 큰 액수의 헌금이 올라오다 보니 마치 배부른 듯한 포만감이 밀려왔습니다. 재정이 넉넉해지면서 하나님의 은혜보다는 순간 물질의 넉넉함이 주는 만족함에 탐욕스러운 속내가 드러나고 만 것입니다. 그런데 하나님께서는 그러한 저의 생각을 놓치지 않으셨습니다. 받은 헌금을 구제로 사용하라는 감동을 주신 것입니다. 하지만 속이 좁은 저는 하나님께 토라져 그러한 마음을 부인하고 있었습니다. 물론 그러한 고집은 오래가지 않아 꺾이고 말았습니다. 헌금을 드린 전도사님과 이야기를 나누던 중 하나님의 진심을 깨달았기 때문입니다.

전도사님은 제게 코로나 19로 인해 성도들이 하나둘 떠나가면서 섬기고 있는 교회의 형편이 어려워졌다며 안타까워하셨습니다. 솔직히 저는 전도사님의 입장이 이해되지 않았습니다. 진작 어려운 교회에 헌금을 전달했다면 저 역시 불편하지도 않았을 것이고 하나님께 서운해 하지도 않았을 것이기 때문입니다.

그날 저녁, 교회에서 혼자 예배드리며 하나님께 서운한 마음을 털어놓았습니다. 제 사역도 현재 넉넉지 못하고 힘이 든다고 투정하며 헌금을 나누고 싶지 않다 주님께 고백했던 것입니다. 하지만 하나님의 뜻은 완고하셨습니다. 받은 헌금의 절반을 어려운 교회로 흘려보내라는 뜻을 굽히지 않으셨습니다.

집에 돌아와 저녁 식사를 하는데 아내가 따가운 일침을 가했습니다. "여보, 하나님께서 우리가 받은 헌금을 어려운 교회로 보내라는 마음을 주셔요. 아마도 반은 다시 헌금해야 할 것 같아요."
하나님의 음성이 확실했습니다. 하지만 식사를 하는 내내 순종을 거부하려는 불편한 마음은 어찌할 수 없었습니다. 아내는 더는 채근하지 않았고 조용히 식사를 이어갔습니다. 그리고 저는 어려운 교회에 헌금을 드리라고 퉁명스럽게 한마디를 던졌습니다.

어려서부터 입버릇처럼 선교사가 되겠다며 떠들고 다녔습니다. 땅끝까지 복음을 전하라는 하나님의 지상명령이 어렸을 때부터 부담감이 되어 있었는지도 모릅니다. 신학교에 진학할 당시 선교학과로 지원하게 된 배경도 여기에 있었습니다. 그러한 부담은 마침내 예배당을 건축하며 더 가까운 현실로 다가왔습니다. 함께 생활하며 동역했던 후배 목사님을 필리핀으로 파송하며 그곳에 교회까지 개척할 수 있게 하였으니 선교가 이제 현실이 되었던 것입니다.

코로나 19의 여파로 교회 사역이 크게 위축되고 있습니다. 하지만 어디 그것이 교회만의 문제이겠습니까? 노방전도를 하며 거리마다 폐업하여 텅 비어있는 점포들이 늘어가는 모습을 보노라면 그 충격과 어려움이 얼마나 심각한지를 실감하게 됩니다. 필리핀과 같은 후진국의 상황은 더 어려운 실정입니다.

어느 날 선교사님으로부터 급한 연락이 왔습니다. 우리 교회로부터 지원을 받아 매주 두 번씩 가난한 현지인들에게 쌀과 부식 거리를 나누어주며 복음을 전하는 일을 하고 계셨는데, 현지인들이 코로나 19로 경제활동이 불가능해지자 도움을 구하며 계속 교회로 밀려오고 있다며 상황을 전하였습니다. 그리고는 이전보다 더 많은 재정적 지원을 부탁하셨습니다.

한 통의 전화는 또다시 하나님의 뜻이 얼마나 분명한지를 직감하게 했습니다. 남은 헌금을 필리핀으로 보내는 것이 하나님의 마음이라는 것을 깨달은 것입니다. 교회 재정이 조금은 줄어서였을까? 이번에는 비교적 가벼운 마음으로 헌금을 보낼 수 있었습니다. 하지만 하나님의 뜻에 순종했다고 기쁨이 넘쳤다거나 만족했던 것은 아닙니다. 이기심으로 똘똘 뭉친 마음이 한편으로는 계속해서 서운한 마음을 해소하지 못하고 있었습니다.

저에게는 가슴으로 낳은 아들들이 있습니다. 그 아이들은 모두 부모로부터 버림을 받은 장애아들입니다. 그중 열두 살 진구와 열한 살 건후는 특히나 저를 무척 잘 따릅니다.

하루는 아이들에게 장래의 꿈을 물어보았습니다. 그랬더니 뜻하지 않은 대답을 했습니다. "저는 아빠가 되고 싶어요."

처음에는 아이들의 대답을 이해하지 못해서 어른이 되면 결혼을 해서 아빠가 될 수 있다고 이야기해 주었습니다. 그런데 아이들은 그런 의미에서 아빠가 되고 싶다는 말을 한 게 아니었습니다. 이야기를 듣고 있던 진구는 손가락으로 저를 가리키며 나도 아빠처럼 키도 크고 싶고 힘도 세지고 싶고 설교도 잘하고 싶다는 것이었습니다. 참고로 제 키는 173cm에 배도 불룩이 나왔습니다. 그런데 왜 이런 저를 닮고 싶다는 것일까요?

아이들의 이야기를 듣고 처음에는 너무 기뻐서 씰룩거리다가 웃음을 참지 못하였습니다. 그런데 잠시 뒤돌아 생각하면서 그 웃음은 요즘 애들이 하는 말로 '썩소'가 되어버리고 말았습니다. 항상 하나님을 아버지로 고백하면서도, 이웃을 사랑하길 바라시는 하나님 아버지와는 너무나 닮지 않고 인색하기 그지없는 저였기 때문입니다.

> 예수님처럼 바울처럼 그렇게 살순 없을까
> 남을 위하여 당신들의 온몸을 온전히 버리셨던 것처럼
> 주의 사랑은 베푸는 사랑 값없이 그저 주는 사랑
> 그러나 나는 주는 것보다 받는 것 더욱 좋아하니
> 나의 입술은 주님 닮은 듯하나 내 맘은 아직도 추하여
> 받을 사랑만 계수 하고 있으니 예수여 나를 도와 주소서
>
> <낮엔 해처럼 밤엔 달처럼>

며칠 후, 한 권사님으로부터 연락을 받게 되었습니다. 건물관리와 청소 등 허드렛일을 하시면서 누구보다 헌신을 다해 교회를 섬기시는 분이십니다. 권사님께서는 교회 계좌로 헌금을 보내셨노라 하시며 꼭 귀한 곳에 사용해달라는 말씀을 덧붙이셨습니다. 금액을 확인해보니 꼭 100만 원이었습니다. 하나님께서 기뻐하시는 일에 물질을 흘려보내니

그야말로 뿌린 그대로 채워주셨습니다.

　예수께서 우리에게 모든 것을 나누어주시고 승천하셨던 것처럼 저와 우리 공동체도 주님을 닮아 나누고 섬기며 희생하는 교회로 성장하길 소망합니다.

16 자기부정과 성실의 상관관계

"네가 흙으로 돌아갈 때까지 얼굴에 땀을 흘려야 먹을 것을 먹으리니…"
(창 3:19)

성경이 말하는 '노동'은 단순히 육체적인 수고만을 의미하지 않습니다. 대개는 노동을 의식주의 필요를 채우기 위한 수단으로 생각하지만, 에덴으로 거슬러 올라가면 그것이 인간의 범죄로 인해 주어진 형벌이라는 것을 부인할 수 없습니다(창 3:17). 놀라운 사실은 에덴동산에는 가시덤불과 엉겅퀴가 등장하지 않는다는 것입니다. 그곳에서는 생존을 위해 어떠한 수고도 할 필요가 없었던 것입니다. 하나님과의 친밀함에 기초한 에덴은 모든 것을 값없이 누릴 수 있는 지상낙원이었습니다. 그러나 죄가 가져온 친밀함의 파괴는 곧 스스로 땀을 흘려야만 생존 가능한 세상으로 내몰리게 되는 결과로 이어졌습니다. 그래서 모든 노동의 바탕에는 죄에 따른 형벌의 아픈 역사가 반영된 것입니다.

그런 의미에서 노동은 다음의 두 가지 의미가 수반되는 활동이라 할 수 있습니다. 먼저는, 인간은 노동을 통해 자신의 정체성을 돌아보게 되므로 하나님을 갈망하기에 이릅니다. 그것은 마치 탕자가 세상에서 노동 착취를 당하여 아버지의 집을 사모하는 것과 같다고 할 수 있습니다(눅 15:15-16). 이 땅에서의 수고를 통하여 에덴에서 쫓겨난 자신의 죄 된 모습을 후회하며, 또다시 에덴으로의 회귀를 갈망하게 되는 것입니다. 그래서 노동을 거룩하고 성스러운 활동으로 여기는 것입니다. 육체적 수고를 통해 회개 할 수 있는 기회를 얻기 때문입니다.

"무리가 아침마다 각 사람은 먹을 만큼만 거두었고 햇볕이 뜨겁게 쬐면 그것이 스러졌더라"(출 16:21)

출애굽 했던 이스라엘 백성들은 모세의 인도함을 받아 광야로 나갔습니다. 하지만 그러한 상황이 쉽게 이해되지 않는 이유는 그곳에 파종할 씨도 없고 파종을 해도 그것을 자라게 할 물도 존재하지 않았기 때문입니다. 오직 하늘에 계신 하나님께서 양식을 허락하시지 않으면 생존에 위협이 되는 곳이 바로 메마른 광야입니다. 그래서 그곳에 머무는 자는 오로지 하늘만 바라보는 운명에 처하게 됩니다. 무능한 자신들의 한계를 인정하며 하나님의 도우심을 구하게 되는 것입니다. 하지만 그때, 하나님의 놀라운 역사가 나타납니다. 자기부정에 도달한 그들에게 만나를 비같이 내려 허기를 해결해 주셨습니다. 하지만 만나를 취하려면 근면한 삶의 태도가 기본이 되어야 합니다. 만나가 새벽 미명에만 내렸고 햇볕을 쬐면 녹아 없어졌으니 일찍이 일어나 수고한 자만이 하나님의 은혜에 깊이 감사할 수 있게 된 것입니다. 이처럼 노동의 또 다른 유익은 하나님의 은혜를 체험하는 계기가 되어 성도로 하여금 자족하는 마음을 갖게 함에 있습니다.

"예루살렘 딸들아 내가 비록 검으나 아름다우니 게달의 장막 같을지라도 솔로몬의 휘장과도 같구나 내가 햇볕에 쬐어서 거무스름할지라도 흘겨보지 말 것은 내 어머니의 아들들이 나에게 노하여 포도원지기로 삼았음이라…"(아 1:5-6)

아가서에 기록된 솔로몬과 술람미 여인의 사랑은 이스라엘 백성을 향한 하나님의 애틋한 감정을 비유로 기록한 것입니다. 그런데 솔로몬을 통해서 비춰진 하나님의 사랑이 조금은 낯설게 느껴집니다. 일반적인 남성이라면 하얗고 고운 피부를 가진 여인에게 더욱 관심이 끌리겠지만 솔로몬은 그렇지 않았습니다. 포도원과 양을 치며 얼굴이 검게 그을린 여인을 사모하게 된 것입니다. 우리는 아가서의 말씀을 통해 하나님께서 성실하고 신실한 자를 기뻐하시는 이유를 깨우쳐야 합니다(엡 6:5). 노동의 현장에서 수고하며 땀 흘릴 때 우리는 더욱 하나님께 존귀한 자가 되어 구원의 큰 감격을 누릴 수 있는 것입니다.

"게으른 자는 말하기를 사자가 밖에 있은즉 내가 나가면 거리에서 찢기겠다 하느니라"(잠 22:13)

마귀의 음성은 게으름 속에서 더욱 크게 들리는 법입니다. 그래서 성경이 게으름을 악으로 규정하는 것입니다(마 25:26). 미지근하여 주저하거나 미적거리는 습관을 버려야 합니다. 참된 안식의 가치는 노동이 전제되는 삶에 있다는 것을 명심하고 주님의 영광을 향해 힘을 다해 수고해야 합니다. 그런 자에게 하나님의 구원과 자족함이 큰 보상으로 주어지게 될 것입니다.

17 성도의 고난과 은혜 갚기

저는 하나뿐인 딸을 사랑합니다. 물론 지난 날을 생각해보면 지금처럼 딸을 사랑하게 되기까지는 결코 쉽지 않은 과정을 지나왔습니다. 딸이 어렸을 적에는 새벽 시간에 우유를 먹인다고 뜬눈으로 시간을 보내는 일도 많았고 어쩌다 감기에 걸려 열이 떨어지지 않는 날에는 긴 밤을 꼬박 새우며 애를 태우기도 했습니다. 다 커서도 딸아이를 향한 사랑과 희생은 제한이 없었습니다. 비록 제가 조금 덜 먹고 못 입는 한이 있어도 딸에게만은 맛난 것을 먹이고 조금이라도 더 좋은 옷을 입히려 갖은 노력을 다했습니다. 그렇게 했다고 해서 저는 딸이 아빠의 극진한 사랑과 은혜를 깨닫길 바라며 희생했던 것은 아니었습니다.

사랑이란 게 본래 그런 것 아닐까요? 사랑한다고 마냥 좋은 게 아니라 사랑에는 언제나 고난과 희생이 따르기 마련인 것입니다.

그리스도의 신부가 되어서 하나님을 사랑하는 것 역시 이와 다르지 않다고 생각합니다. 예수께서 우리의 구원을 위하여 희생하셨던 것처럼 우리도 주님의 신부로서 예수님의 고난에 참여하는 것이(빌 1:29) 마땅한 일입니다.

"... 그리스도와 함께 한 상속자니 우리가 그와 함께 영광을 받기 위하여 고

난도 함께 받아야 할 것이니라"(롬 8:17)

성경은 예수님을 따르던 자들을 무리와 제자로 구분합니다. 그러한 구분의 차이점은 고난의 유무입니다. 예수와 함께 고난을 받으면 제자요, 예수를 이용하여 고난을 면코자 하면 무리가 되는 것입니다. 그래서 성경은 고난을 신성한 것으로 소개하고 있습니다(시 119:67).

"… 도둑질하지 말고 돌이켜 가난한 자에게 구제할 수 있도록 자기 손으로 수고하여 선한 일을 하라"(엡 4:28)

자고로 율법에 얽매인 종은 율법이 미치는 부정적인 측면에 관심이 집중되어 있습니다. 그래서 자기의 영광을 바라며 어떻게 해서든 율법을 범하지 않으려 애를 씁니다. 그런다고 율법에 대해 무결점한 인간이 될 수 있는 것이 아니지만, 그들은 율법을 범하지 않는 자신의 인내와 선함을 뽐내므로 뭔가 된 듯한 착각에 빠지고 맙니다.

그러나 그리스도의 자녀들은 단순히 율법을 지켜야 한다는 압박감이나 자기만족을 넘어, 복음전파를 위하여 그리스도의 고난에 참여하는 것에 더욱 큰 가치를 두고 살아갑니다. 자신의 의지로 범죄를 피해 보려는 소극적 태도가 아닌, 하나님의 명령을 쫓아 복음전파에 전력을 다하며 그에 따른 고난도 감수하고 헌신하는 것입니다.

"나는 이제 너희를 위하여 받는 괴로움을 기뻐하고 그리스도의 남은 고난을 그의 몸된 교회를 위하여 내 육체에 채우노라"(골 1:24)

우리의 영적인 상태는 아무리 감추어도 감추어질 수 없습니다. 시간이 지나면 머지않아 육신의 삶으로 드러나게 되어있습니다. 육신의 세계가 영의 세계에 예속되어 있어 삶의 열매를 통해 영적인 상태를 들여다볼 수 있는 것입니다.

삶에서 복음을 위한 희생과 수고의 대가를 지불하지 않으면서 무언가 유익한 결과를 얻으려 한다면, 그는 아직 무리의 수준을 초월하지 못한 자입니다. 반드시 결과를 얻기 위한 목적만은 아니라 할지라도, 충분한 희생과 수고야말로 그만큼 값진 열매를 얻게 하는 기초라는 것을 잊지 않아야 합니다.

진정으로 회개한 자들은 자신의 허물을 통하여 그간 하나님께 받아 누린 은혜와 축복을 깨닫기에 이릅니다. 어리석었던 지난날, 하나님의 구원과 은혜를 당연한 권리로 여기며 오만하게 행하였지만, 고난의 기회를 통해 구원받을 자격이 없는 자기 자신을 깨닫게 되는 것입니다. 그리고 그때부터 행함이 있는 믿음으로 받은 은혜를 되갚기 위해 몸부림치게 됩니다. 물론, 다 갚을 수도 없는 하나님의 은혜이지만 그렇다고 은혜 갚는 일을 게을리 하는 것은 분명 배은망덕한 일입니다. 하나님의 명령을 따라 은혜를 갚는 시늉이라도 하며 하나님의 구속사에 참여하는 것이 구원받은 모든 성도의 사명입니다.

예수님의 비유에 등장하는 인물 중 돌아온 탕자에 관한 이야기가 있습니다. 아버지의 넘치는 사랑과 보호를 받았던 둘째 아들에 관한 이야기입니다. 남부러울 것 전혀 없었던 삶에도 둘째 아들은 아버지의 재산에 욕심을 부렸습니다. 결국, 그는 아버지의 유산을 미리 받아 성공을 다짐하며 출가하였습니다. 하지만 둘째 아들이 겪었던 세상은 그리 만만치가 않았습니다. 물려받은 어마어마한 재산을 순식간에 날리고 말았습니다. 벌떼처럼 몰려들었던 주변 사람들이 그의 소유를 탐내어 속이고 빼앗았던 것입니다.

결국, 탕자는 알거지 신세로 아사 직전까지 내몰렸습니다. 하지만 성경의 말씀처럼 고난은 모든 성도에게 큰 유익이 됩니다. 탕자도 후회와 탄식으로 하루하루를 비루하게 연명하다가 아버지께 받아 누렸던 지난날의 풍요와 특권을 되새기게 되었습니다. 그리고는 자존심을 내려놓고 귀향을 결심하게 됩니다. 그런데 독특하게도 성경은 그러한 탕자의 선택을 어려운 자신의 처지를 해결하기 위한 꼼수가 아닌 아버지께 받은 은혜를 갚기 위한 지혜로 소개하고 있습니다.

"… **나를 품꾼의 하나로 보소서 하리라 하고**"(눅 15:19)

지난날 탕자의 생활이 어떠했는지는 굳이 따지지 않아도 짐작이 갈 것입니다. 멀쩡하게 살아있는 아버지를 협박하며 유산까지 챙겼으니 분명 집안의 품꾼들을 홀대했을 것입니다. 당시 상황과 문화에서도 그러했듯이 그는 집안의 하인을 사고파는 물건으로 여겼을 것입니다. 하지만 탕자 자신이 품꾼들과 같은 처지로 회귀하고 말았습니다. 하지만 그를 향한 하나님의 사랑은 실로 위대한 것이었습니다. 세상에 가장 낮은 신분으로 전락한 탕자가 하나님의 음성을 듣게 되었습니다. 그간 약자들을 괴롭히며 교만하게 행동하였던 자신의 모습을 후회하게 된 것입니다.

그래서 탕자는 품꾼의 모습으로 회귀하였습니다. 허드렛일이나 하는 품꾼들이지만 그들 영혼의 진귀함을 깨달아 함께 수고하며 아버지의 집을 위해 헌신할 수 있게 된 것입니다.

> "그 때에 히스기야가 병들어 죽게 되었으므로 여호와께 기도하매 여호와께서 그에게 대답하시고 또 이적을 보이셨으나 히스기야가 마음이 교만하여 그 받은 은혜를 보답하지 아니하므로 진노가 그와 유다와 예루살렘에 내리게 되었더니"(대하 32:24-25)

하나님의 은혜를 깨닫는 순간 예수님의 고난이 보이게 됩니다. 그렇듯 고난은 성도를 구분할 수 있는 징표와도 같습니다. 매년 필리핀 한 마을에서는 고난주간이 되면 예수님의 고난에 동참한답시고 십자가를 짊어지고 행진하는 퍼포먼스를 연출합니다. 하지만 예수께서 감당하셨던 십자가의 고난이 한낱 종교적인 행사로 담아낼 수 있을 거라는 인간의 오만은 또 다른 이단적인 행위에 지나지 않는 것입니다. 진정으로 예수님의 고난에 동참하고자 한다면 그러한 고행이나 자학이 아닌, 가까운 이웃에서부터 관심을 갖고 가난하고 고통받는 이들에게 손을 내밀어야 할 것입니다. 그것이 예수님의 은혜에 보답하는 유일한 길입니다.

> "… 여기 내 형제 중에 지극히 작은 자 하나에게 한 것이 곧 내게 한 것이니라 하시고"(마 25:40)

이제 딸아이는 훌쩍 커버렸습니다(딸의 손을 잡고 길을 걸으면 그런 저희 부녀의 모습을 오해하는 사람도 있을 정도이니까요). 그런 딸의 모습을 바라보며 하나님께 감사하였습니다. 시원치 않은 부모 밑에서 건강하게 자라준 딸아이의 모습은 감동이었습니다. 그러나 어찌 그게 딸아이의 자력으로만 얻어진 결과일까요? 아무리 부족해도 말없이 희생하고 힘이 되어준 부모가 곁에 있었기에 가능했을 일입니다. 그리고 눈에 보이지 않지만 살아 역사하시는 하나님의 손길이 우리를 도우시고, 필요를 공급하시며 딸아이를 성장시키셨다는 사실을 고백하지 않을 수 없습니다.

저는 딸아이가 복음의 통로로 쓰임 받기를 간절히 소망합니다. 선교사가 되어 가난한 나라를 구제하거나 저와 같은 목사가 되어서 복음을 설교하는 자가 되어도 좋을 것 같습니다. 어떤 모양이든 딸아이가 하나님께 받은 은혜를 헤아리며 복음 없이 죽어가는 이웃에게 받은 축복을 나누며 희생하길 바라는 것입니다.

18 열매 맺는 삶

"너희가 열매를 많이 맺으면 내 아버지께서 영광을 받으실 것이요 너희는 내 제자가 되리라"(요 15:8)

우리 교회는 장애인복지시설을 운영하고 있습니다. 주님의 은혜로 과수원을 개간하여 장애인복지시설을 건축하게 되었습니다. 그래서 지금도 주변에는 복숭아나무가 즐비합니다. 덕분에 철이 되면 언제든 맛있는 복숭아를 마음껏 즐길 수 있는 기쁨을 누립니다. 하지만 마냥 좋기만 한 것은 아닙니다. 열매를 얻기 위해서는 반드시 그에 따른 수고와 노력이 뒤따르기 때문입니다. 복숭아나무 주변에 생기는 이름 모를 잡초들과 엉뚱한 묘목들을 제거해야 합니다. 그리고 적절한 시기가 되면 전정을 하고 충분한 거름도 뿌려줘야 합니다. 게다가 병충해를 방지하기 위한 여러 노력도 기울여야 합니다. 그렇지 않으면 벌레들의 부지런함 덕에 맛난 복숭아를 얻기란 여간 쉽지 않습니다. 이처럼 좋은 열매를 취하려면 부지런함을 잃지 않아야 합니다.

"그러므로 안식일에 이러한 일을 행하신다 하여 유대인들이 예수를 박해하게 된지라 예수께서 그들에게 이르시되 내 아버지께서 이제까지 일하시니 나도 일한다 하시매"(요 5:16-17)

예수께서는 짧은 공생애 기간동안 오직 하나님의 일에 힘쓰셨습니다. 안식일에도 병든 자를 치료하셨고, 가난한 자들에게 복음 전파하기를 멈추지 않으셨습니다. 그분은 말과 혀로만 사랑을 떠들어대는 표면적 신앙을 강요하는 분이 아니었습니다. 자기중심의 신앙에 치우쳐 하나님의 영광을 도적질하는 거짓 메시아가 아니라 자기희생이 가져오게 될 생명을 알고 계셨기에 복음의 씨앗이 되어 날마다 이웃사랑에 모든 열정을 쏟으신 것입니다.

성경에서 말씀하는 처음 열매는 예수 그리스도를 의미합니다(고전 15:23). 그리고 그분은 우리 안에 '복음의 씨'로 뿌려져 우리를 열매 맺는 가지로 가꾸어 가시는 농부로 부활하셨습니다. 마침내 말씀의 생명력을 가진 그리스도인은 거룩한 열매를 내어서 농부가 되시는 주님께 기쁨이 되고, 그러한 열매는 또 하나의 씨앗이 되어 싹을 내고 자라게 하므로 하나님이 바라시는 전도자의 역할을 감당하게 되는 것입니다.

> "내가 진실로 진실로 너희에게 이르노니 한 알의 밀이 땅에 떨어져 죽지 아니하면 한 알 그대로 있고 죽으면 많은 열매를 맺느니라"(요 12:24)

출애굽 했던 이스라엘 백성들은 하나님의 중심에서 벗어나 탐욕을 좇아 행하므로 죄악에 빠져들고 말았습니다. 사탄은 연약하여 갈팡질팡하는 인간의 욕망에 불을 질렀고, 욕망에 취한 이들은 하나님을 두려워하지 않고 숭배하지 말아야 할 우상을 섬기며 반항하였습니다. 그때, 썩은 가지처럼 단숨에 내어 칠 수도 있으셨으나 모세의 생명을 건 간곡한 몸부림에 차오르던 진노의 심판을 거두셨던 하나님이십니다. 그리고 이스라엘을 향한 사랑을 이어가셨습니다. 그들이 거룩한 열매를 맺기 바라시며 복음의 씨를 거두지 않으셨던 것입니다. 그래서 예수님의 비유와 같이 길가에도, 바위 위에도, 가시떨기 속에도, 좋은 땅에도 복음의 씨앗이 뿌려졌던 것입니다(막4:7-8). 하지만 민족의 전통과 율법의 오해로 돌같이 굳어진 그들의 마음은 잎만 무성했던 무화과나무와 같았습니다. 하나님께서 기뻐하시는 열매를 맺기는커녕 무가치한 가라지만을 싹 틔우며 의미 없는 일에만 몰두하였습니다.

"경건의 모양은 있으나 경건의 능력은 부인하니 이같은 자들에게서 네가 돌아서라"(딤후 3:5)

"하나님 아버지 앞에서 정결하고 더러움이 없는 경건은 곧 고아와 과부를 그 환난중에 돌보고"(약 1:27)

복음의 씨앗이 뿌려질 때 은혜의 기회를 잡아야 합니다. 단단해진 땅을 개간하여 새싹을 자라게 하듯이 옥토와 같은 마음에 뿌려진 복음만이 이웃사랑이라는 열매로 하나님을 기쁘게 할 수 있는 것입니다. 따라서 모든 성도는 날마다 회개에 힘써야 합니다. 끊임없이 마음에 생겨나는 가라지를 제거해야 합니다. 경건의 모양보다는 그에 따른 열매에 더욱 신경 써야 합니다. 성경은 하나님께서 바라시는 경건의 열매를 이웃사랑으로 정의합니다. 나보다 가난하고 연약한 자들을 돕고 섬기는 것이 참다운 경건 생활이며 그러한 자기희생만이 하나님께 만족을 드릴 수 있다는 것입니다. 따라서 외식된 종교 행위를 통해 자기를 높이려는 얄팍한 생각을 버려야 합니다. 사탄이 그러한 마음에 가라지를 뿌려 이웃사랑에 도달하지 못하게 만들기 때문입니다.

"아름다운 열매를 맺지 아니하는 나무마다 찍혀 불에 던져지느니라 이러므로 그들의 열매로 그들을 알리라"(마 7:19-20)

하나님의 영광은 우리가 그리스도 안에서 하나로 연합될 때만 실현됩니다. 이기적인 마음으로 서로를 시기하고 경쟁만 하던 인간이 자신의 죄를 깨닫고 회개하므로 같은 처지에 놓인 서로를 용서하며 보듬을 때, 모든 인간은 낮아지고 하나님만이 높임을 받으시는 것입니다. 그러므로 많은 액수의 헌금을 드리는 것보다, 어떠한 실력으로 교회에서 봉사하는 것보다 더욱 중요한 것은 연약한 자를 살피는 일입니다. 겸손한 마음으로 그들에게 떡을 나누며 복음을 전하는 것만이 하나님이 받으시는 거룩한 열매가 되기 때문입니다.

LIVING THE GOSPEL

2 PART

천국은 마치

> " 천국은 마치 밭에 감추인 보화와 같으니
> 사람이 이를 발견한 후 숨겨 두고 기뻐하며 돌아가서
> 자기의 소유를 다 팔아 그 밭을 사느니라 "
>
> **마태복음 13:44**

19 천국은 마치

"이르시되 하나님 나라의 비밀을 너희에게는 주었으나 … 그들로 보기는 보아도 알지 못하며 듣기는 들어도 깨닫지 못하게 하여 돌이켜 죄 사함을 얻지 못하게 하려 함이라 하시고"(막 4:11-12)

천국에 관심을 두면 둘수록 내 자신에 대한 부끄러움이 밀려들었습니다. 오랜 시간 목회자로 살았건만 천국에 대한 지식이 전혀 없었기 때문입니다. 그렇다고 천국에 관심이 없었던 것은 아니었습니다. 천국에 대한 호기심으로 천국을 경험했다는 사람들의 책과 간증도 숱하게 읽고 들어봤습니다. 하지만 그들의 주장이 억지에 불과한 것은 그들의 경험이 너무나도 비성경적이기 때문이었습니다. 게다가 그들의 간증과 경험은 그저 개인의 상상으로 만들어진 허구처럼 보일 뿐이었습니다.

'천국에서 돌아온 소년'이라는 책은 그러한 저의 판단에 더욱 확신을 던진 계기가 되었습니다. 책의 내용은 저자인 일렉스가 여섯 살 때인 2004년 자동차 사고를 당한 뒤, 2개월간 혼수상태에 있으면서 천국을 체험했던 경험담이 주를 이루고 있습니다. 하지만 그는 십 년이 지난 후 이 모든 내용이 거짓이라고 자백하였습니다. 사람들의 환심을 사기 위해 부모와 함께 꾸며낸 거짓이라는 것이었습니다.

어쩌면 천국을 왜곡했던 허탈한 최후가 그의 자백을 이끌어냈는지도 모릅니다. 책이 흥행에는 성공했지만 많은 물질을 거머쥔 탓인지 그의 부모는 이혼하고 말았습니다.

그의 글을 통해서 은혜를 받았다는 성도들이 느낀 박탈감은 이루 말할 수 없을 것입니다. 하지만 조금만 생각해보면 허튼 곳에서 천국을 찾았던 자신을 보게 될 것입니다. 천국을 불완전한 사람의 감정에서 찾으며 일반화하려 했던 후회가 밀려올 게 분명한 것입니다.

하나님 나라는 성경에 기록되어 있습니다. 예수님께서 천국 복음을 전하셨으니 예수님의 말씀 안에 천국 비밀을 풀 수 있는 열쇠가 숨겨져 있는 것입니다. 하지만 성경 말씀과 같이 천국을 아는 것은 비밀로 묻혔습니다(마 13:11). 예수님께서는 유기된 자에게 천국을 숨기기 위해서 도리어 비유로만 말씀을 허락하셨던 것입니다.

많은 사람이 천국을 상상하면서 빠짐없이 떠올리는 것이 각종 보화입니다. 천국을 경험했다는 어떤 여집사는 천국에는 화장실도 금으로 장식이 되어있으며 그곳에서 여러 천사가 하프를 튕기고 있는 모습을 목격했다고 주장합니다. 하지만 지상천국이라고 불리던 '성막'은 조각목과 가죽 그리고 약간의 금이 사용되어 건축되었습니다.

천국을 오해하는 가장 흔한 이유는 성도의 그릇된 가치관 때문입니다. 하나님을 믿는다는 자들이 땅의 것을 가치로 삼기 때문에 욕심에 이끌려 거짓된 천국을 그려내는 것입니다.

물론 사도 요한도 천국의 모습을 묘사하며 각종 보석을 이야기하였습니다(계 21:18-22). 하지만 나중에 자세히 밝히겠지만, 하나님 나라를 각종 보석으로 비유한 것은 그 나라의 존귀함과 아름다움을 은유적으로 표현한 것입니다. 천국이 세상이 말하는 가치로 포장되어 있다는 뜻이 결코 아닙니다. 그렇지 않으면 지구상에 거하는 부호들의 거처가 하나님 나라보다 훨씬 풍요롭고 아름다울 것입니다.

> "내 아버지 집에 거할 곳이 많도다 그렇지 않으면 너희에게 일렀으리라 내가 너희를 위하여 거처를 예비하러 가노니 가서 너희를 위하여 거처를 예비하면 내가 다시 와서 너희를 내게로 영접하여 나 있는 곳에 너희도 있게 하리라"(요 14:2-3)

예수님의 공생애는 초점이 항상 천국에 맞춰져 있었습니다. 사역을 시작하시며 천국을 예고하셨고, 천국 복음을 전하셨습니다. 그뿐만 아니라 부활하시고 승천하신 것도 천국에서 성도들의 처소를 예비하기 위함이라고 말씀하셨습니다.

말씀을 묵상하면서 '거처'란 단어가 주는 의미를 깊이 고민하게 되었습니다. 예수님께서 거처라는 단어를 반복적으로 사용하셨기에 그것이 예사롭지 않게 느껴지는 것입니다.

하지만 많은 사람이 천국의 거처를 오해하고 있습니다(어쩌면 내 다수의 성도가 저와 같은 얕은 생각에서 벗어나지 못했을 것입니다). 반복적으로 사용된 거처라는 단어를 통해서 크고 웅장한 저택을 상상할 것입니다. 그런데 거처로 사용된 헬라어 '모나이'는 방이라는 의미를 지니고 있습니다. 그래서 영어 성경(NIV)은 '거처'란 단어를 방으로 해석하였습니다.

"My Father's house has many rooms"(John 14:2)

직역하자면 하나님의 집에는 방이 많이 있다는 것입니다. 그러니까 구원받은 성도들은 천국에서 큰 저택에 호화로운 삶을 누리는 것이 아니라 하나님의 집 안에 있는 방에 우거하게 되는 것입니다. 하지만 착각은 금물입니다. 우리의 처소가 방이라고 하니까 시시하게만 여겨질 수도 있지만, 성경은 그곳에서의 삶이 현세와 비교도 안 될 만큼 어마어마한 축복이라고 말합니다. 그곳에는 어떠한 고통이나 눈물도 없고 곡하는 소리도 들리지 않는다고 증언하고 있습니다.

"… 보라 하나님의 장막이 사람들과 함께 있으매 하나님이 그들과 함께 계시리니 그들은 하나님의 백성이 되고 하나님은 친히 그들과 함께 계셔서 모든 눈물을 그 눈에서 닦아 주시니 다시는 사망이 없고 애통하는 것이나 곡하는 것이나 아픈 것이 다시 있지 아니하리니…"(계 21:3-4)

몇 해 전, 교회 건축을 결심하여 살고 있던 집을 팔았을 때 어느 정도 이윤이 남았습니다. 항상 목회자의 모든 소유는 하나님의 것이라는 마음으로 살아왔던 터라 가족과 함께 예배를 드리며 집을 판 값이 들어 있는 통장을 하나님께 내어드렸습니다. 그런데 그때 뜻하지 않은 하나님의 음성이 들려왔습니다. 집을 팔았으니 그간 함께 수고한 동역자들의 거처를 건축하라는 말씀이었습니다. 그것도 그들의 이름으로 말입니다.

동역자들은 다름 아닌 신학교 재학시절부터 인연을 이어오고 있는 후배들입니다. 어려운 형편에서도 힘을 다하여 주님의 부르심을 따라 감사하며 헌신해 온 동역자들입니다. 생각하면 인간적으로 충분히 동의도 되고 이해도 되는 측면이 있기는 하지만 집을 지어 그들의 명의로 등기를 내주라는 하나님의 말씀은 저를 너무 당황스럽게 했습니다.

하나님의 뜻으로 받아들여 순종하기까지는 결코, 쉽지 않았습니다. 부자 청년에게 모든 소유를 가난한 자에게 주고 자신을 따르라는 예수님의 명령을 너무 잘 알고 있었지만, 그렇게 따른다는 게 얼마나 어려운 일인지 그때 절감하였습니다.

언제나 그렇듯 하나님의 말씀에 순종하기 전까지 불안하고 두려운 마음이 사라지지 않았습니다. 며칠 동안 하나님의 명령을 부정하며 갈등하며 지내다가 결국은 마음의 평안을 선택하곤 하는 게 제 실상입니다. 하나님의 말씀을 전하는 제 자신에게 부끄럽지 않은 선택을 하고, 사랑하는 가족들에게도 존경받는 목회자로 인정받고 싶은 게 솔직한 심정입니다. 결국, 하나님의 뜻을 따라 이웃의 집을 건축하기로 마음먹었습니다. 그리고 우여곡절 끝에 건축을 마무리하고 각각의 이름으로 등기를 마쳤습니다. 그리고 완공된 집을 둘러보니 생각보다 방이 많다는 것을 알게 되었습니다.

'하나님의 천국이 이런 구조일까?'

지금 그곳은 동역자들의 세 가정뿐만 아니라 넉넉지 않은 형편에서 신학을 공부하는 학생들과 부모를 잃은 장애 아이들까지 함께 기거하는 공동체가 되었습니다. 그들 모두 하나님의 집에서 함께 사는 셈입니다. 그렇다고 우리 공동체가 형편없이 빈약한 것은 아닙니다. 하나님의 천국에 조금도 부족함이 없듯이 우리는 항상 넉넉하여 풍요를 누리며 자족하는 가운데 기적과 같이 하루하루를 살아가고 있습니다. 저는 그 이유를 잘 알고 있습니다. 하나님께서 하늘에서 만나를 비같이 내리셨던 것처럼 함께 동역하고 있는 성도들이 서로를 위해 양식을 잔뜩 쌓아두기 때문입니다.

복음을 깨달아 욕심을 내려놓고 주님의 이끄심에 따르기만 한다면, 분명 누구나 이 땅에 임하는 천국을 맛보게 될 것입니다. 하나님 한 분만이 높임을 받으시고 모든 성도가 낮아져 한 몸을 이루는 곳! 그곳이 바로 하나님의 몸 된 교회요 하나님 나라입니다.

20 예배에서 연유되는 성도의 구원

"그때에 천국은 마치 등을 들고 신랑을 맞으러 나간 열 처녀와 같다 하리니"(마 25:1)

천국은 등과 기름을 준비한 자만이 들어갈 수 있는 곳입니다. 출애굽기의 말씀을 통해 성막을 연구하면 등과 기름의 의미를 정확히 이해할 수 있습니다. 그것은 모든 성도의 사명이 되는 기도와 말씀. 즉 예배를 의미하는 것입니다.

성경은 끊임없이 우리의 존재 목적이 '예배'라 말합니다(사43:21). 바꿔 말하면 하나님께서는 자신의 영광을 목적으로 사람을 창조하셨다는 것입니다. 하지만 오늘날 예배를 목숨과 같이 여기는 자는 흔치 않습니다. 대부분이 교회 안에서 드려지는 형식적인 종교 행위만을 예배로 간수할 뿐, 실생활에서는 하나님과 분리된 채 살아갑니다. 교회 밖에서는 삶의 예배와 멀어져 세상 사람과 구분이 되지 않습니다.

성화를 올바르게 이해할 필요가 있습니다. 기독교의 성화는 하루 아침에 성령을 받아서 이루어지는 것이 아닙니다. 그런 것이 성화였다면 하나님께서는 진작 자신의 현현을 만방에 드러내셨을 것입니다. 그것만큼 사람에게 경각심을 불러일으키는 일은 없을 테니까 말입니다. 하지만 하나님은 우리가 인격적으로 변화되길 원하십니다. 성도가 예배를 통해서 하나님과 깊이 사귀며 그분의 성품을 깨우치길 바라시는 것입니다. 따라서 성화는 마술처럼 변신하는 것이 아닌 예배로 주님과 깊이 사귀며 그분의 형상을 조금씩 닮아가는 것입니다. 그분의 모습이 성도에게서 나타나야 진정한 성화라 할 수 있는 것입니다.

"시내 산에 연기가 자욱하니 여호와께서 불 가운데서 거기 강림하심이라…"(출 19:18)

뜰, 성소, 지성소로 구성된 하나님의 성막은 모두 불(연기)과 관련이 있습니다. 성도의 자기부정을 가리키는 '성막의 뜰'은 늘 번제를 위한 불의 열기로 가득하였고 성소 안에는 일곱 촛대가 꺼지지 않았으며, 분향단의 연기도 계속 피어올랐습니다. 그리고 하나님의 계획대로 건축된 성막은 하늘에서 불이 내려와 번제단에 불을 지피는 것으로 영적인 준공식을 치렀습니다(대하 5:1-7:1). 이처럼 '불'과 '연기'는 제사를 통해 완성되는 성도의 속죄를 상징하는 것입니다.

신학도 시절이었습니다. 누구보다도 저는 예배에 대한 열정이 남달랐습니다. 예배를 통해서 찬양을 부르고 하나님의 성품을 깨우치는 것이 마냥 행복했습니다. 말하자면 하나님에 대한 지적 호기심으로 충만했습니다.

한번은 이런 일이 있었습니다. 지금의 아내와 캠퍼스 커플이었던 시절로 거슬러 올라갑니다. 기독서점에서 데이트를 하면서 신앙 서적 한

권을 구매했는데 손에 쥔 책을 빨리 읽어서 은혜를 받고 싶었습니다. 그래서 아내에게 집에 가는 걸 서두르자고 말하였습니다(예배를 드리며 신앙 서적을 보는 게 그 시절 제 취미였습니다). 그때 아내가 얼마나 황당했을까요? 예배를 드리러 간다고 빨리 헤어지자고 하니 말입니다. 그만큼 예배드리는 게 좋았던 시절이었습니다.

그렇게 아내와 헤어진 뒤, 갑자기 부흥회를 인도하고 싶어졌습니다. 물론 철없는 신학생이 인도하는 예배에 관심을 갖는 사람은 아마도 없을 것입니다. 하지만 상관없었습니다. 저 혼자라도 하나님을 마음껏 예배하며 그분으로 기뻐하는 제 모습을 보고 싶었습니다(지금도 그때의 순수함이 그립습니다). 그래서 저는 저만의 부흥회를 준비하였습니다. 찬양 콘티를 준비하고, 설교도 준비하고, 부흥회였으니 양복도 깨끗하게 다림질하여서 준비를 마쳤습니다. 그리고 아무도 없는 자취방에서 하나님께 예배를 올려드렸습니다. 어설픈 기타 실력이었지만 상관없었습니다. 하나님께서 저의 찬양을 기뻐하신다는 확신이 생겼습니다. 제가 마치 천국에서 유명한 가수가 된 듯했습니다. 찬양이 마무리되고 설교시간이 되었습니다. 하나님께서 말씀으로 이 땅에 임재하시는 예배의 클라이맥스입니다. 의에 주리고 목마른 성도들을 상상하며 뜨겁게 말씀을 전했습니다. 그때 성령이 강하게 역사하셨습니다. 하나님의 말씀을 전하던 저의 마음이 불을 받은 듯 뜨거워지더니 진실하고 구체적인 회개가 봇물 터지듯 쏟아졌습니다.

어린 시절 구멍가게에서 훔쳤던 50원짜리 신호등 사탕도 생각이 났고, 그 시절 나만 보면 짖어대던 누렁이에게 골탕 먹이려 꼬리를 밟은 것도 생각이 났습니다. 한참을 회개했더니 얼굴은 눈물과 콧물로 범벅되고 말았습니다. 그런데 그때 놀라운 광경이 펼쳐졌습니다.

기도를 마치고 눈을 떠보니 작은 방안에 연기가 가득했던 것입니다. 제 눈을 의심하며 눈을 비벼보았습니다. 하지만 연기는 사라지지 않았습니다. 시내산에 임하였던 구름과 같은 하나님의 임재를 경험하였던 것입니다.

"신랑이 더디 오므로 다 졸며 잘새"(마 25:5)

하지만 지금은 그때처럼 기쁜 마음으로 예배를 드리지 못하는 경우가 더러 있습니다. 때로는 의무감에 사로잡혀 형식적인 예배를 드릴 때도 있습니다. 그래도 예배의 끈을 놓지는 않습니다. 예배를 통해서 만나주신 하나님의 은혜와 사랑을 기억하기에 완악한 세상을 경계하며 예배로 몸부림치는 것입니다. 예배로 나아가 하나님의 말씀을 묵상하고 회개하는 것이 은혜를 유지하는 유일한 방법임을 그때 깨닫게 된 것입니다.

"슬기 있는 자들은 그릇에 기름을 담아 등과 함께 가져갔더니"(마 25:4)

타락한 세상에서 신앙을 유지하는 것은 만만치 않습니다. 믿음의 선조 이삭의 모습을 묵상하면 더더욱 그 사실이 명백해집니다. 이삭이 말년에 영적인 분별력을 잃게 되었던 모양입니다(창 27:1). 그래서 그는 야곱이 아닌 에서를 축복하려고 했습니다. 그뿐입니까? 이삭의 생각은 육신에 매여 별미에만 관심을 보였습니다.

사람은 크게 다르지 않습니다. 성경을 보면 알 수 있지만, 슬기로운 처녀들도 미련한 처녀들과 함께 다 졸고 있었습니다(마 25:5). 신랑 되신 예수께서 더디 오시니 자꾸만 영안이 어두워지는 것입니다. 하지만 그렇다고 두 손 놓고 있지는 않았습니다. 슬기로운 처녀들은 피곤한 몸을 쳐서 등과 기름을 준비했던 것입니다. 하지만 미련한 처녀들은 준비가 미흡한 모습으로 신랑을 기다렸습니다. 형식적인 신앙에 치우쳐 회개와 예배의 능력을 부정하는 자들과 비슷합니다. 결국, 예배를 사모하는 열심이 구원과 유기를 결정하였습니다. 예배로 불을 밝힌 처녀들만이 신랑과 천국에 입성하고 문은 그대로 닫혀버렸습니다.

"아브라함이 이르되 얘 너는 살았을 때에 좋은 것을 받았고 나사로는 고난을 받았으니 이것을 기억하라 이제 그는 여기서 위로를 받고 너는 괴로움을 받느니라"(눅 16:25)

성경은 나사로와 부자의 서로 다른 운명을 '하나님과의 관계'로 귀결시키고 있습니다. 아브라함은 나사로의 이름을 정확히 말하지만, 부자를 "얘"라고 표현하고 있으니 말입니다. 아브라함이 나사로를 알고 있었다는 것은 그가 이 땅에서의 삶을 누리는 동안 그만큼 하나님을 찾고 의지했다는 증거가 됩니다. 반면에 부자는 이 땅에서 늘 부족함 없는 삶을 누렸으니 하나님의 도움이 불필요했던 것으로 보입니다. 그러다 보니 하나님께서도 굳이 그의 이름을 기억하실 필요가 없었을 것입니다.

하나님께서 인간을 사회적인 동물로 창조하셨습니다. 예배를 통해 하나님과 사귐이 지속되길 바라시며 사람의 속성을 그렇게 만드셨던 것입니다. 그러므로 예배에서 멀어지는 것은 곧 창조의 목적에서 벗어난 상태에 있음을 의미하는 것입니다. 그래서 성경은 하나님과의 관계에 실패하면 결코, 천국 입성을 이룰 수 없다고 못 박는 것입니다.

"그 후에 남은 처녀들이 와서 이르되 주여 주여 우리에게 열어 주소서 대답하여 이르되 진실로 너희에게 이르노니 내가 너희를 알지 못하노라 하였느니라"(마 25:11-12)

21 예배의 연속성 (1)
다 같은 신령한 음식을 먹으며(고전 10:3)

"내가 지을 새 하늘과 새 땅이 내 앞에 항상 있는 것 같이 너희 자손과 너희 이름이 항상 있으리라 여호와의 말이니라 여호와가 말하노라 매월 초하루와 매 안식일에 모든 혈육이 내 앞에 나아와 예배하리라"(사 66:22-23)

성도들이 천국을 소망하지 않는 이유는 천국의 삶이 막연하기 때문입니다. 구체적이지 못한 천국의 이미지도 천국을 떠올리지 못하게 하는 요인입니다. 보이지 않고 설명하지 못하는 천국을 동경한다는 자체가 난센스라고 할 수 있습니다. 거기에 천국과 관련된 성경 말씀이 모두 비유로 돼 있다는 점 또한 성도들을 당혹스럽게 합니다. 그리고 개인의 불확실한 체험과 치우친 편견으로 만들어진 천국의 간증이 천국을 소망하는 우리에게 더욱 큰 장애물입니다. 지금은 천국을 상상하거나 이야기하는 것도 자칫 이단 시비에 휘말릴 수 있는 민감한 사안이 되었습니다. 이처럼 천국이 실재한다면서도 천국을 정확히 설명하지 못하는 한계 상황이 분명 존재합니다. 성경을 통해 천국의 실체를 깨닫지 못했기 때문입니다.

사도요한은 환상 가운데 새 하늘과 새 땅을 목도했습니다. 이사야 선지자도 동일한 그곳을 경험하였습니다. 그런데 이사야는 천국에 안식일과 월삭이 있다고 증언합니다. 다시 말해 천국에서도 이 땅에서처럼 하나님을 예배하고 하나님의 말씀을 연구한다는 것입니다.

"젖 먹는 아이가 독사의 구멍에서 장난하며 젖 뗀 어린 아이가 독사의 굴에 손을 넣을 것이라"(사 11:8)

이사야의 말씀을 보면 천국에는 젖 먹는 아이와 젖을 뗀 아이가 있습니다. 따라서 천국은 영적 성장을 바라며 복음을 깊이 연구하는 자들이 거하는 곳이라 할 수 있습니다(히5:12-14).

사실 이 땅에서 66권의 성경을 통해 복음을 모두 깨우치는 것은 불가능한 일인지도 모릅니다. 주어진 시간 안에서 수박 겉핥기식으로 성경을 연구하다가 복음의 향만 맡고 하나님의 나라로 갈 것입니다. 하지만 더욱더 좋은 소망이 생기는 이유는 천국에 가면 복음을 더욱 정확하고 자세히 학습하게 되기 때문입니다. 그래서 천국에 가면 끊임없이 예배하고 말씀을 연구하게 되는 것입니다.

"성 안에서 내가 성전을 보지 못하였으니 이는 주 하나님 곧 전능하신 이와 및 어린 양이 그 성전이심이라 그 성은 해나 달의 비침이 쓸 데 없으니 이는 하나님의 영광이 비치고 어린 양이 그 등불이 되심이라"(계 21:22-23)

성경에 기록된 것과 같이 천국에는 따로 성전이 존재하지 않습니다. 천국 자체가 성전이고 하나님께서 복음의 빛을 항상 비추고 계시기 때문입니다. 그래서 그곳에서의 삶 자체가 예배라 할 수 있습니다. 어디에 있든지 하나님을 예배하고 하나님을 찬양하며 복음을 통해 그분의 마음을 배우게 될 것입니다(엡 4:13). 그러나 어떤 자들은 그런 천국의 실상을 알고 실망할지도 모르겠습니다. 계속해서 하나님을 예배한다고 하니 시시하고 따분하게만 느끼는 것입니다.

오랜 시간 충성스럽게 신앙생활에 임했던 한 권사님이 계셨습니다. 교회에서 드려지는 모든 예배를 빠짐없이 참석하며 누구보다 앞장서 교회를 위해 봉사하시던 칭찬받는 성도였습니다. 그런데 어느 날 안타까운 소식을 듣게 되었습니다. 권사님께서 우울증에 시달리며 남몰래 아파하고 계신다는 것이었습니다. 그렇게 헌신을 다해 교회를 섬기는 분이라면 누구보다 하나님께서 주시는 은혜와 평안을 누려야 될 것이라는 생각이 드는 게 일반적인데 그런 분이 남몰래 아파하며 고통을 당하고 있다는 소식은 저를 불편하게 했습니다.

권사님을 위해 기도하던 중 그분의 예배드리는 모습이 떠올랐습니다. 그리고 고난의 이유에 한 걸음 다가설 수 있게 되었습니다. 권사님은 하나님의 말씀을 듣는 시간에 대부분 잠을 주무셨습니다. 때로는 말씀이 지루하고 피곤하여 졸음이 올 수도 있었을 것입니다. 사도바울의 설교를 듣던 유두고라 하는 청년이 창에 걸터앉아 졸다가 삼 층에서 떨어져 죽는 사건도 있었으니 말입니다(행 20:9). 저 역시 부교역자 시절 담임목사님의 설교를 들으며 졸다가 꾸중을 들은 적도 있었습니다. 하지만 항상 그러한 모습이 목격된다는 것은 조금 문제가 있다는 생각이 들었습니다. 어쩌면 말씀을 듣는 기쁨을 모르는 건 아닐까 염려가 되었습니다. 아니 사단이 그렇게 헌신하시는 권사님의 심령에 말씀이 자리하지 못하도록 설교 시간마다 깊은 잠에 빠지게 하는 건 아닌지 의심도 되었습니다. 사탄은 하나님의 말씀이 우리의 심령에 뿌려져 자라는 걸 가장 강력하게 가로막는 존재이지 않습니까. 때로는 그러한 사탄의 역사가 예배에 임하는 성도의 여러 가지 자세로 보이기도 합니다. 설교를 통해 심령이 변화되고 은혜를 따라 성화를 결심하기보다 유치원에서 하는 학예회쯤으로 예배를 생각하며 설교하는 목사의 모습을 구경하듯 대하는 성도들의 태도를 볼 때마다 안타까운 마음이 듭니다.

교회는 '가르칠 교'에 '모일 회'가 합쳐진 단어로 이루어졌습니다. 다시 말해 교회 사역의 중심인 예배는 요란한 찬양이나 보이는 행사가 아니라 성경을 전달하고 배우고 깨닫는 것에 초점이 맞추어 있는 것입니다. 그것이 천국에서의 삶이요 또한 교회의 기능이라 믿습니다.

솔로몬은 예배에 능했던 자였습니다. 그는 천 일 동안 소를 잡아 번제를 드리며 하나님께 영광을 돌렸던 인물입니다. 매년 교회 행사로 스무하루 작정 새벽예배를 드리는 것도 버거운데, 삼 년 가까이 매일 번제를 드렸다는 것이 놀랍기만 합니다. 물론 하나님께서도 솔로몬의 순수했던 시절의 열정을 기뻐 받으셨습니다. 그리고는 그를 축복할 요량으로 그가 소망하는 것을 물어보셨습니다. 그때 솔로몬은 자신을 위해 부와 명예를 구하지 않았습니다. 그는 자신을 어린아이에 비유하며 '듣는 마음'을 구하였습니다.

"… 종은 작은 아이라 출입할 줄을 알지 못하고 주께서 택하신 백성 가운데 있나이다 … 듣는 마음을 종에게 주사 주의 백성을 재판하여 선악을 분별하게 하옵소서"(왕상 3:7-9)

성경이 천국에서의 성도들을 어린아이로 표현하는 이유가 무엇일까요? 그곳에서의 삶이 정체가 아닌 끊임없는 성장을 추구하기 때문입니다. 그래서 그곳의 어린아이들은 신령한 젖을 먹고 안식을 취하며 살아가는 것입니다(벧전 2:2).

천국 백성들은 지금도 하나님을 예배하며 복음을 깨우칩니다. 따라서 성도는 반드시 현세의 삶에서 예배의 습관을 들여야만 합니다. 표면적이고 형식적인 예배의 행위에 젖어 드는 것이 아니라 의에 주리고 목마른 심령으로 주님의 말씀을 기대하며(마 5:6) 겸손하고 가난한 심령으로 하나님의 말씀을 경청(사 57:15)해야 합니다. 그것이 하나님께서 바라시는 예배자의 기본자세입니다.

22 예배의 연속성 (2)
주야로 묵상하는도다(시 1:2)

"또 여기 있다 저기 있다고도 못하리니 하나님의 나라는 너희 안에 있느니라"(눅 17:21)

많은 성도가 천국을 사후세계에서 경험하는 신비한 것으로만 치부합니다. 안타깝게도 현세의 삶에서 실재하는 하나님의 나라를 경험하지 못하는 것입니다(계 21:10).

예수님께서는 하나님의 나라가 이미 우리의 마음에 도래했다고 말씀하셨습니다. 솔직히 그러한 말씀이 쉽게 이해되지 않습니다. 늦은 밤에 예수님을 찾아왔던 니고데모와 같이 하나님의 말씀이 어렵고 복잡하게만 느껴지는 것입니다(요 3:9). 과연 우리 마음에 임하는 천국의 실체는 무엇일까요?

어린아이에게는 특징이 있습니다. 그것은 질문이 많다는 것입니다. 저희 딸의 어렸을 적을 생각해보면 더욱더 그렇습니다. 미숙했던 딸 아이는 "이게 뭐야?"라는 말을 입에 달고 살았습니다. 무엇을 경험하든지 그것에 대한 호기심이 넘쳤습니다.

하나님의 말씀에 이끌리는 성도들은 이와 같습니다. 그들은 날마다 하나님의 말씀을 묵상하며 하나님을 향한 거룩한 질문을 가지고 살아갑니다.

　마태복음 13장은 천국장으로 불리는 말씀입니다. 예수님께서 천국을 여러 비유를 통해서 말씀하셨기 때문입니다. 밭의 비유, 겨자씨의 비유, 누룩의 비유, 감추인 보화의 비유, 진주장의 비유, 그물의 비유 등으로 천국을 설명하셨습니다. 그런데 말씀을 묵상하면 예수님께서 친히 그 비유를 풀이하실 때와 그렇지 않을 때가 있다는 것을 발견할 수 있습니다. 물론 이유는 분명합니다. "이에 예수께서 무리를 떠나사 집에 들어가시니 제자들이 나아와 이르되 밭의 가라지 비유를 우리에게 설명하여 주소서"(마 13:36). 예수님께서는 제자들의 간절한 질문에 천국의 비유를 해석해 주셨습니다. 다시 말해 예수님께서는 거룩한 의문을 가지고 묻는 자를 기뻐하시는 것입니다.
　여러 성도를 만나 상담하다 보면 그들이 신앙생활을 하는지, 그렇지 않은지를 간단하게 파악할 수 있습니다. 신앙생활을 감당하는 자들은 늘 질문이 많습니다. 날마다 하나님의 말씀을 묵상하는지라 목회자를 만나면 질문과 삶의 고민을 자연스럽게 풀어놓게 되는 것입니다. 그런 성도와 시간을 갖는 것은 항상 목회자들을 기쁘게 합니다.
　하지만 어떤 자들은 신앙에 관한 질문이 전혀 없기도 합니다. 자신의 문제점을 알지 못하기 때문에 삶에서 하나님의 말씀을 진지하게 연구하지 않는 탓입니다.

　　"아무나 천국 말씀을 듣고 깨닫지 못할 때는 악한 자가 와서 그 마음에 뿌려진 것을 빼앗나니 이는 곧 길 가에 뿌려진 자요"(마 13:19)

'씨 뿌리는 비유'를 깊이 묵상하면 우리의 마음에 실재하는 천국에 다가설 수 있습니다. 그것은 복음의 씨가 우리의 마음에 뿌리 내려 잎을 내고 줄기를 내어 결국 열매 맺는 삶을 가리키는 것입니다. 따라서 천국에서의 삶은 예배를 통해 끊임없이 하나님의 말씀을 공급을 받아 이웃 사랑의 열매를 맺는 곳이라 할 수 있습니다.

신앙생활에 있어서 자기부정이 중요한 이유가 여기에 있습니다. 그것은 자신에 대한 불신이나 연약한 자아를 뜻하는 것이 아닙니다. 그것은 자신의 연약함을 인정하고 더 나은 삶과 신앙을 추구하는 거룩한 태도를 가리키는 것입니다. 그들은 성장에 초점을 맞추고 있어서 늘 말씀을 묵상하며 거룩한 질문을 품고 살아갑니다. 하지만 자기부정을 이루지 못하고 자신의 생각을 맹신하는 자들은 누구에게 묻거나, 듣는 것을 거부합니다. 그들은 진리를 자신의 머릿속에서 찾는 자들이라 질문하는 것 자체를 부끄러워합니다.

"여호와께 묻지 아니하였으므로 여호와께서 그를 죽이시고 그 나라를 이새의 아들 다윗에게 넘겨 주셨더라"(대상 10:14)

성경은 사울이 하나님께 버림받은 이유를 정확하게 기록하고 있습니다. 하나님의 말씀에 관심을 두지 않아 질문이 없었던 게 이유였습니다. 사실 그러한 이유로 하나님께 버림받은 자들은 한둘이 아닙니다. 모세를 대항했던 고라와 미리암도 같은 사례라 할 수 있습니다. 그들은 하나같이 하나님의 뜻을 헤아리는 일에 관심을 두지 않았습니다.

"이 소년들의 죄가 여호와 앞에 심히 큼은 그들이 여호와의 제사를 멸시함이었더라"(삼상 2:17)

우리가 원죄의 작용에 이끌려 죄를 범하는 것보다 더 큰 위험은 하나님의 제사를 멸시하는 교만한 태도입니다. 엘리 제사장의 아들 홉니와 비느하스가 하나님께 진노를 받은 사건을 통해서도 알 수 있습니다. 아무리 강조해도 지나치지 않는 것은 우리의 존재 목적이 예배라는 것입니다. 끊임없이 성경을 통해서 문제와 허물을 깨달아 변화를 소망하고 성장을 갈망하는 자만이 하나님의 은혜 아래 안전하고 평안한 인생을 영위하게 될 것입니다.

"그 열두 문은 열두 진주니 각 문마다 한 개의 진주로 되어 있고 …"(계 21:21)

사도요한은 천국이 온갖 보화로 치장되어 있다고 증언하였습니다 (계 21:18-20). 천국의 모든 만물이 복음의 도구요 예배로 이용되듯이 천국의 각종 보화 또한 그러한 목적으로 사용될 것이 분명합니다.

천국은 밤이 없습니다(계 21:25). 하나님의 영광과 복음의 빛이 끊임없이 그곳을 비추기 때문입니다(계 21:20-23). 그리고 각종의 보화들은 그러한 빛의 반사체가 되어서 하나님의 아름다운 광채를 천국 곳곳에 드러낼 것이 분명합니다.

그중에 진주는 유난히 천국에서 부각이 되는 보화입니다. 다른 보석과는 달리 그 쓰임새나 크기가 자세하게 기록되어 있기 때문입니다. 진주는 12개로 구성된 새 예루살렘의 출입문의 자재로 선택되었습니다. 그 크기가 얼마나 거대한지 진주 한 개가 문 하나로 사용될 정도입니다.

그렇다면 왜 굳이 진주가 천국의 출입문으로 사용된 것일까요?

진주는 조개의 눈물이라고 불리는 보석입니다. 대부분의 보석이 자연에서 만들어진 무기 광물이지만, 진주는 살아있는 조개의 분비물에서 형성된 유기질 보석입니다. 거친 모래나 이물질이 조개에 침투하게 되면 부드러운 조갯살에서 체액이 분비됩니다. 그것이 쌓이고 굳어져 진주라는 결정체가 만들어집니다.

하나님의 말씀은 죄 많은 우리에게 언제나 따갑기 마련입니다. 그것은 마치 진주가 모래를 삼키는 것과 같습니다. 그렇다고 생명의 말씀을 거부할 수도 없습니다. 오로지 자신의 완악함을 인정하고 겸손하게 하나님의 말씀을 믿고 받아들여야 합니다. 옥토와 같이 복음의 씨앗을 품으며 눈물로 회개하는 성도만이 천국에서 진주와 같이 빛날 것입니다.

"오직 여호와의 율법을 즐거워하여 그의 율법을 주야로 묵상하는도다"(시 1:2)
"악인들은 그렇지 아니함이여 오직 바람에 나는 겨와 같도다"(시 1:4)

오직 천국은 하나님의 말씀으로 완성되는 곳입니다. 그곳을 통치하시는 예수님께서 곧 말씀이시기 때문입니다(요 1:1). 그래서 복 있는 자들이 주야로 하나님의 말씀을 묵상하는 것입니다. 반대로 악인은 그 모습이 겨와 같습니다. 성경은 그들의 심령에 말씀이 부재한 상태를 그렇게 표현하고 있습니다. 그들의 심령에 뿌려진 복음의 씨가 알이 차지 않아서 그들은 천국에서 멀어질 수밖에 없는 것입니다.

하나님은 공평하십니다. 그래서 누구든지 가리지 않고 복음의 씨앗을 뿌리십니다(마 13:19). 하지만 고귀한 말씀을 대하는 우리의 마음 밭이

문제입니다. 강퍅한 돌밭과 같은 마음이나 거친 가시떨기와 같은 마음은 복음의 진정한 가치를 깨닫지 못한 채 거부하고 맙니다. 결국, 천국은 복음의 씨앗을 받아들이는 마음 밭으로 결정되는데 말입니다(롬 10:17).

23 하늘에 투자하는 신앙

결혼하면서 고가의 시계를 예물로 받게 되었습니다. 소위 명품이라 불리는 제품이었으니 아끼고 아껴가며 애지중지 착용했습니다. 그러던 어느 날이었습니다. 가족들과 함께 마트를 다녀왔는데 마룻바닥이 모래로 흥건하였고 창문이 활짝 열려있었습니다. 다리에 힘이 풀려 주저앉을 것만 같았습니다. 간신히 버티며 집안을 둘러보았습니다. 도둑이 들어온 집안을 난장판으로 만들어 놓은 것이었습니다. 불길한 예감은 언제나 빗나가지 않았습니다. 집안을 살펴보니 제가 그렇게 보물처럼 아꼈던 예물 시계가 사라진 것입니다. 극도의 허무함과 절망감이 밀려왔습니다. 고가의 시계가 한순간에 신기루처럼 사라졌으니 말입니다. 가격을 떠나 단 하나뿐인 예물 시계가 사라졌다는 것을 인정하기 어려웠습니다.

하지만 허무한 마음을 추스르고 하나님의 뜻을 묵상하기로 하였습니다. 그러한 저의 마음이 하늘에 닿은 것일까요? 아침 안개처럼 제 생각에 드리웠던 체념은 오히려 큰 울림이 되었습니다.

"너희를 위하여 보물을 땅에 쌓아 두지 말라 거기는 좀과 동록이 해하며 도둑이 구멍을 뚫고 도둑질하느니라"(마 6:19)

육신을 위해 땅의 것을 구하는 것만큼 어리석은 일은 없습니다. 하지만 대개는 성공에 대한 속물근성에 사로잡혀 맛있는 산해진미를 즐기는 일이나 혹은 호화롭고 보배로운 것들로 육신을 치장하는 일들에서 쾌락을 느끼길 원합니다. 하지만 순간의 쾌락은 이내 공허함이 되어 우리를 찾아옵니다. 성경에 기록된 말씀과 같이 사탄이 좀과 동록처럼 역사하여 어떠한 열매도 거둘 수 없게 만드는 것입니다.

"오직 너희를 위하여 보물을 하늘에 쌓아 두라 거기는 좀이나 동록이 해하지 못하며…"(마 6:20)

하지만 천국에 투자하는 일은 결코 공허함이 없습니다. 하나님의 뜻을 좇아 헌신하는 자에게 큰 보상이 주어지기 때문입니다. 성경은 그들에게 평안한 내세와 함께 아름다운 거처를 누리는 대우까지 약속합니다. 그래서 구원을 소망하는 성도라면 더욱 천국에 투자하기를 마다하지 않아야 합니다.

"내가 겐그레아 교회의 일꾼으로 있는 우리 자매 뵈뵈를 너희에게 추천하노니 … 이는 그가 여러 사람과 나의 보호자가 되었음이라"(롬 16:1-2)

제가 저한 상황을 묵상하던 중 여집사 '뵈뵈'가 떠올랐습니다. '뵈뵈'라는 이름을 통해서 사도바울의 조력자였던 그녀의 처지를 유추해 볼 수 있습니다. 뵈뵈는 그리스신화에 등장하는 달의 여신 아르테미스의 또 다른 이름입니다(포이베 Phoebe). 당시에는 상당한 재물을 소유하거나 사회적 지위가 높은 자만이 신의 이름을 따라 작명할 수 있었습니다. 하지만 그녀는 사도바울을 통해 복음을 듣고서 자신의 소유를 하늘에 쌓기로 작정하였습니다. 그래서 사도바울과 어려운 형편에 처한 성도들을 보호하고 섬겼습니다(롬 16:1-2). 또한 뵈뵈는 사도바울의 뜻을 따라 로마서를 로마교회에 전달하였던 인물이었습니다. 물론 이러한 그녀의 수고를 대수롭지 않게 생각하는 자들이 있겠지만, 그녀가 처한 시대적 상황은 그녀가 복음전파를 위해 얼마나 수고했는지를 가늠하게 합니다. 당시 성경은 책 한 권으로 편찬되어 있지 않았습니다. 양피나 파피루스에 기록되어 두루마리로 보관하였던 성경은 한 권의 분량이 어마어마한 양이었습니다. 분명 여자의 몸으로 많은 분량의 두루마리를 옮기는 일은 쉽지 않았을 것입니다.

무엇보다 당시 로마제국의 기독교 박해가 심화하던 터라 그녀의 사역에는 여러 시험과 장애가 따랐습니다. 어쩌면 그러한 박해 속에서 그녀의 사회적인 지위는 큰 역할을 했을 것입니다. 결국, 그녀는 자신의 모든 소유를 통해서 복음전파에 힘썼고 그녀의 이름은 생명책에 기록이 되었습니다.

"천국은 마치 밭에 감추인 보화와 같으니 사람이 이를 발견한 후 숨겨 두고 기뻐하며 돌아가서 자기의 소유를 다 팔아 그 밭을 사느니라"(마 13:44)

성도의 소비성향을 보면 그의 영적인 상태를 엿볼 수 있습니다. 그가 어디에 물질을 사용하느냐에 따라서 그가 지닌 신앙의 진위가 드러나는 것입니다. 성경 말씀과 같이 복음을 깨달아 구원을 사모하는 성도들은 천국에 관심이 많습니다.

저는 뵈뵈의 이름과 그녀의 사역이 기록된 짧은 구절을 읽으며 상상하였습니다. 천국에 분명 그녀의 이름이 새겨진 아름다운 거처가 있을 것을 말입니다(눅 10:20).

구원은 뵈뵈와 같이 자신의 것을 나누며 수고하는 자들에게 합당한 것입니다. 초대교회 성도들의 모습을 통해서 천국을 맛볼 수 있듯이 복음을 위해서 가난한 자를 구제하며 하나님께 꾸어드리는 자는 천국의 처소로 보답 받게 될 것입니다(잠 19:17).

분명 고가의 시계는 목회자인 제게 어울리지 않을 물건이었습니다. 하지만 누구에게나 있는 세속적인 야욕은 쉬 버려지지도 않았습니다. 흐려진 눈으로 타인의 시선을 의식하며 그것을 뽐내었던 제 모습이 수치스럽게 다가왔습니다. 하지만 복음과 아무런 상관없는 그것을 가치로 삼아 재물을 허비하였던 지난날은 제 마음에 깊은 회한이 되었습니다. 그것을 팔아 가난한 자를 구제하고 전도했더라면 하나님께서 얼마나 기뻐하셨을까요?

"믿는 사람이 다 함께 있어 모든 물건을 서로 통용하고 또 재산과 소유를 팔아 각 사람의 필요를 따라 나눠 주며 … 주께서 구원 받는 사람을 날마다 더하게 하시니라"(행 2:44-47)

24 천국의 차등화 (1)

"이르시되 진실로 너희에게 이르노니 너희가 돌이켜 어린 아이들과 같이 되지 아니하면 결단코 천국에 들어가지 못하리라 그러므로 누구든지 이 어린 아이와 같이 자기를 낮추는 사람이 천국에서 큰 자니라"(마 18:3-4)

하나님의 가장 큰 관심사는 오직 자신의 영광과 권세입니다. 성도가 구원을 받고 축복을 누리는 것은 나중입니다. 하나님은 자신의 영광을 실현하고 유지하시는 것을 목적으로 일하십니다. 왜냐하면, 하나님의 영광이 실현될 때에 비로소 모든 피조물이 평안하고 행복한 삶을 누릴 수 있기 때문입니다. 그래서 하나님께서는 자신의 영광에 정면으로 도전하는 율법주의자들을 극도로 꺼리십니다. 문제는 그러한 사실을 정작 율법주의자들 자신만 알지 못한다는 것입니다.

물론 표면적으로 보면 그들의 신앙생활은 거룩한 성도의 모습과 판박이처럼 닮아있습니다. 예수를 구주로 시인하고 그의 이름으로 성의를 다해 예배도 드리는 듯 보입니다. 그런데 그들을 가만히 들여다보면 어딘가 모르게 성경의 입장과 다른 온도 차를 발견하게 됩니다. 그들은 말로만 하나님의 영광을 떠들어대고 자신의 머릿속 가득한 지식을 자랑하며 그것이 곧 믿음의 경지라고 말합니다. 하나님을 높이는 것에는 관심이 없고 오로지 자신의 신앙만 돋보이려 합니다. 하나님의 영광보다는 신앙생활을 통해 자신의 의가 증명되고 자신이 높아지길 바라는 것입니다. 그리스도께서 우리에게 분명히 경고하셔서 경계하게 하신 일입니다. 교만하지 말고 자랑하지 말라는 말씀을 분명히 알았다면, 지극히 작은 자 앞에서조차 우린 겸손할 수 있게 될 것입니다(막 9:37).

성경은 천국에서 큰 자가 있다고 말합니다. 큰 자가 있다면 분명 작은 자도 있을 것입니다. 천국에서 큰 자는 어린아이와 같은 자를 말합니다. 어린아이와 같은 자만이 자신을 낮추고 하나님을 높일 수 있기 때문입니다.

그래서인지 하나님은 자신의 영광을 위해서 능력이 많은 자나 지식이 출중한 자보다는 지극히 작고 볼품없는 자를 선택하십니다. 많은 자가 하나님께 쓰임 받기를 바라며 남보다 탁월한 능력을 가지려 하지만, 오히려 그러한 수고는 하나님의 영광에 역행할 뿐이라고 성경은 지적하고 있습니다.

"사라가 본즉 아브라함의 아들 애굽 여인 하갈의 아들이 이삭을 놀리는지라"(창 21:9)

"아브람이 하갈과 동침하였더니 하갈이 임신하매 그가 자기의 임신함을 알고 그의 여주인을 멸시한지라"(창 16:4)

하나님께 버려진 자들의 관심사는 언제나 사람의 자력에 있습니다. 그들은 하나님의 은혜를 거부하고 더욱 자신의 세력을 확장하길 바랐습니다. 그런 그들의 의도가 불순한 이유는 그들이 가진 능력이 이웃을 업

신여기고 능멸하는 도구로 변질했기 때문입니다. 함께 화목하고 평화로운 하나님의 나라에는 관심이 없었습니다. 오로지 자신들의 명성을 날리고 능력을 과시하기 위해 군건한 성을 구축할 뿐이었습니다(창 4:17). 결국, 그들의 이기심은 하나님의 화를 돋우었습니다.

> "누구든지 나를 믿는 이 작은 자 중 하나를 실족하게 하면 차라리 연자 맷돌이 그 목에 달려서 깊은 바다에 빠뜨려지는 것이 나으니라"(마 18:6)

> "삼가 이 작은 자 중의 하나도 업신여기지 말라 너희에게 말하노니 그들의 천사들이 하늘에서 하늘에 계신 내 아버지의 얼굴을 항상 뵈옵느니라"(마 18:10)

성숙한 신앙의 정의를 새롭게 정립해야 합니다. 성경적 성숙이란 갓 태어난 동물처럼 스스로 자립하는 게 아닙니다. 인간은 타인의 도움이 없으면 젖을 먹을 수도, 혼자 설 수도 없다는 것을 알아야 합니다. 누군가를 의지해야만 생존할 수 있는 것이 나약한 인간의 실체입니다.

어린아이와 같은 자가 하나님께 특별한 이유는 그의 천사들이 날마다 하나님을 만나기 때문입니다. 다니엘서를 묵상하면 그러한 사실이 무엇을 의미하는지 깨달을 수 있습니다.

> "… 하나님 앞에 스스로 겸비하게 하기로 결심하던 첫날부터 네 말이 응답 받았으므로 내가 네 말로 말미암아 왔느니라"(단 10:12)

하나님께서는 성도들에게 섬기는 영으로 천사들을 붙여주셨습니다. 그들은 우리의 기도와 예배를 하나님께 전달하고 하나님의 응답을 우리에게 전달하는 하늘과 땅의 매개가 됩니다(단 10:11-14). 그리고 마지막 날, 우리의 영혼을 천국으로 이끄는 인도자가 될 것입니다(눅 16:22).

　어린아이의 천사가 하나님을 날마다 만난다는 것은 스스로 낮추며 기도로 하나님을 의지하는 성도가 하나님의 응답과 인도하심에 따라 하루하루를 은혜로 살아가는 것을 의미합니다. 전지하신 하나님께서 당신의 이름으로 선지자 노릇하며 많은 권능을 나타냈던 자들을 일절 모른 체 하시며 부정하셨던 일을 떠올려야 합니다(마 7:23). 하나님과의 관계를 무시하며 사역한 것이 화근입니다. 인간의 자력에 이끌려 가시적인 사역에나 치우쳤으니 하나님과 그들 사이에 사적인 정분이 느껴지지 않는 것입니다. 따라서 모든 성도는 신앙을 악용하려는 사특한 마음과 날마다 씨름해야 합니다. 사역을 통해서 부와 명예를 축적하여 하나님의 영광을 가로채려는 시도를 멈춰야 합니다.

> "그 때에 이리가 어린 양과 함께 살며 표범이 어린 염소와 함께 누우며 송아지와 어린 사자와 살진 짐승이 함께 있어 어린 아이에게 끌리며"(사 11:6)

　천국에서는 어린아이와 같은 자가 큰 자가 됩니다. 그들의 삶과 사역이 오직 하나님의 영광만을 바라기 때문에 천국에서 큰 권세를 차지하게 되는 것입니다. 그리고 천국의 백성들은 그런 자에게 인도함을 받습니다. 따라서 현세의 출세만을 바라며 경쟁할 게 아니라 "천국은 침노하는 자의 것"이라는 성경 말씀을 되새기며 천국에서의 더 높은 권세를 소망하여 날마다 믿음의 경주를 해야 합니다(계 22:5).

25 천국의 차등화 (2)

"젖 먹는 아이가 독사의 구멍에서 장난하며 젖 뗀 어린 아이가 독사의 굴에 손을 넣을 것이라"(사 11:8)

천국에서 그 백성들의 모습은 어린아이로 묘사되었습니다. 그런데 조금 자세히 들여다보면 어린아이가 다 같은 모습을 하고 있지는 않습니다. 독사의 구멍에서 장난하는 아이는 "젖 먹는 아이"라 했고, 독사의 굴에 손을 넣는 아이는 "젖을 뗀 어린아이"라고 되어있습니다. 그러니까 더 성장한 아이가 있는 반면에 그보다 어린아이도 있다는 말입니다.

성경이 말하는 '젖'이란 성도의 영혼에 양식이 되는 신령한 음식 곧 하나님의 말씀을 가리킵니다(고전 10:3-4). 이스라엘 백성들이 광야 생활을 거치면서 하늘에서 내려온 떡인 만나와 메추라기를 취하였는데 이것은 예수 그리스도의 살과 피 즉, 복음을 가리키는 말씀이기도 합니다. 이를 바탕으로 천국 안에서의 차등을 설명한다면 신앙적 소양을 기준으로 성도를 구별할 수 있게 됩니다. 성경을 깊이 깨달아 믿음이 성숙한 '젖을 뗀 자'들이 있는 반면에 그보다 믿음이 연약하여 '젖을 먹는 자'와 같은 자들이 있다는 것입니다. 그리고 믿음이 성숙한 자가 연약한 자를 인도하며 함께 먹고 함께 평안을 누리는 곳이 바로 천국의 일상이라 할 수 있습니다.

　　장애인 복지시설을 개설하였을 때 하나님께서 처음으로 보내 주셨던 아이는 여섯 살짜리 자폐아 경준이었습니다. 불행하게도 사고로 어머니를 잃게 된 경준이는 급하게 시설에 맡겨졌습니다. 하지만 경준이는 어머니가 사망했다는 사실도 알지 못한 채 크롱 인형(에니메이션 뽀로로에서 등장하는 캐릭터)에만 빠져 있었습니다. 그런 경준이는 하나님께서 제게 주신 첫 열매인지라 애착이 얼마나 컸는지 모릅니다. 날마다 같이 예배를 드리면서 찬양을 부르고 성경 말씀도 가르쳐주었습니다. 하지만 경준이는 설교를 들으면서 '아멘!' 대신 '크롱!'을 외쳐댔습니다. 그런 시간이 오랫동안 반복되면서 한 가지 의문이 생겼습니다. 과연 경준이가 구원을 받을 수 있을까? 내가 이렇게 애착을 품고 열심히 복음을 전하고 있는데 과연 예수님의 이름을 기억이나 하는 걸까?

　　많은 성도가 하나님을 공평하신 분으로 믿습니다(히 1:8). 성경도 그 사실을 명확하게 하고 있습니다. 하지만 우리가 사는 세상을 둘러보면 그 사실을 동의하기가 쉽지 않을 때가 많습니다. 날 때부터 장애를 가져서 경준이처럼 복음을 받아들이기 어려운 이들도 많기 때문입니다. 우리 복지시설에서 생활하고 있는 아이들의 이야기를 들어보면 이 사실에 더 동의하게 될 것입니다.

　　이곳에 머무는 아이들은 어린 나이에 부모에게 버려져 여러 시설을 돌다가 이곳에 정착하게 되었습니다. 시설에서 자라는 아이들은 여느 성도들의 자녀들과는 그 상황이 완전히 다릅니다. 아마 대부분의 자녀는 매일 부모의 애정과 관심 속에서 부족함 없는 생활을 누리며 돌봄을 받고 있을 것입니다. 맛있는 음식과 좋은 옷, 그리고 넘쳐나는 인형과 장난감을 가지고 놀며 부모의 기대를 가슴에 안고 성장하고 있을 것입니다. 조금 그렇지 않은 가정이 있다 해도 우리 시설에서 자라는 아이들과는 비교할 수 없을 것입니다. 서로 다른 모습을 볼 때면 더욱 하나님의 공평을 의심하게 됩니다.

"오멜로 되어 본즉 많이 거둔 자도 남음이 없고 적게 거둔 자도 부족함이 없이 각 사람은 먹을 만큼만 거두었더라"(출 16:18)

이스라엘 백성들은 광야에서 무려 40년 동안 하나님께서 내려 주시는 만나로 생존했습니다. 하지만 매일 만나를 거두는 일은 그리 간단하지 않았습니다. 만나는 새벽 미명에만 지면에 내렸습니다. 게다가 햇빛을 받으면 곧 녹아 사라졌습니다. 그뿐 아니라 유통기간도 짧아 하루가 지나면 부패하여 벌레가 생기고 악취가 나기까지 했습니다(출 16:20-21). 그래서 만나를 얻으려면 아침 일찍부터 해가 뜨기 전까지 부지런히 수고해야만 취할 수가 있었습니다. 그리고 일용할 양식 그 이상을 거두는 것도 제한되었습니다.

그런데 한 가지 문제가 생겼습니다. 어떤 이스라엘 백성들은 욕심을 절제하지 못해서 다른 이들보다 더 많이 모아 집 안에 비축하기 시작한 것입니다. 물론 만나를 저장할 수 있는 시설이 있었던 것도 아니었고 만나의 유통기간이 짧아 하루가 지나면 어김없이 먹을 수 없는 상태로 변하고 말았습니다. 그런데 그러한 절망적인 상황이 이스라엘 백성에게는 큰 울림이 되어 깨달음을 허락하였습니다.

여전히 많이 거두는 자가 있었고, 적게 거둔 자도 있었습니다. 자기의 역량대로 넘치게 거둔 자가 있는가 하면 약하고 미약하여 적게 거둔 자도 있기 마련입니다. 그런데 성경은 그들 모두가 부족함이 없었다고 상황을 설명합니다. 많이 거둔 자들이 이기심을 따라 제 식솔들을 챙기기 위해 많이 거두었다고 생각하면 어리석은 이해입니다. 여기서 많이 거두었다는 말은 적게 거둔 자에게 나누어 주었을 만큼 넘치게 거두었다는 사실을 시사하는 말씀입니다. 이웃들의 주린 배를 생각해 오병이어를 헌신하였던 어린아이의 헌신처럼 적게 거둔 이웃에게 자기 것을 나누므로 서로 부족함이 없는 충만한 상태가 되었다는 말입니다.

천국에는 차등이 없을까요? 그렇지 않습니다. 많이 거둔 자가 있는가 하면 적게 거둔 자도 있습니다. 하지만 그곳의 모든 성도는 결코 부족함이 없습니다. 단단한 음식을 먹는 어린아이가 젖 먹는 아이를 사랑으로 인도하며 헌신하기 때문입니다.

하나님의 공평이 어떻게 완성되고 그것이 세상에 어떻게 드러나는지 깨달아야 합니다. 하나님의 공평은 먼저 복음을 깨닫고 은혜를 받은 성도의 헌신으로 완성됩니다. 그들이 복음과 함께 자신의 것을 헌신할 때에 연약한 성도들이 부족함 없는 은혜를 누리게 되므로 하나님의 공평은 더 완전해지는 것입니다. 성경이 만나를 갓씨와 진주의 모양으로 표현하는 이유도 그렇습니다. 앞서 진주의 의미를 설명한 것과 같이 눈물과 기도로 복음의 씨를 뿌리는 자들의 헌신을 통해 부족함이 없는 공평과 평안을 누리는 곳이 천국입니다.

　14살로 성장한 경준이는 여전히 크롱을 좋아합니다. 그리고 여전히 우리의 도움을 받고 살아갑니다. 성도의 헌신이 없으면 먹지도 못해서 굶어 죽고 말 것입니다. 하지만 그런 경준이의 모습은 우리의 믿음을 더욱 견고하게 합니다. 모든 성도가 경준이를 위해서 희생하며 하나님의 공평을 전파하고 있기 때문입니다. 지금도 성경을 통해 천국을 깨우친 성도들이 넉넉하게 모은 양식을 복지시설에 가득 채우고 있습니다. 그리고 그의 자녀들도 자기의 장난감을 장애인들에게 나누며 하나님의 공평하심을 드러내고 있습니다.

　　무화과 나뭇잎이 마르고 포도 열매가 없으며
　　감람나무 열매 그치고 논밭에 식물이 없어도
　　난 여호와로 즐거워하리
　　난 여호와로 즐거워하리 난 구원의 하나님을 인해 기뻐하리라
　　　<무화가 나뭇잎이 마르고>

경준이가 가장 좋아하는 찬양입니다. 뽀로로의 주제곡만 부르던 아이가 언제부턴가 예배 시간에 배운 찬양을 흥얼거리기 시작했습니다. 가사를 다 외는 것은 물론이고 찬양을 부르며 율동도 따라 합니다. 어쩌면 가사의 고백처럼 하나님의 은혜

로 근심 없이 살아가는 자신의 삶에 감사하는지도 모릅니다.

저는 확신합니다. 예수님의 희생 때문에 우리가 구원을 받게 되었던 것처럼 저와 우리 성도들의 희생으로 경준이가 천국에 입성하게 될 것을 말입니다.

26 육체의 부활

"… 도마가 이르되 내가 그의 손의 못 자국을 보며 내 손가락을 그 못 자국에 넣으며 내 손을 그 옆구리에 넣어 보지 않고는 믿지 아니하겠노라 하니라 … 도마에게 이르시되 네 손가락을 이리 내밀어 내 손을 보고 네 손을 내밀어 내 옆구리에 넣어 보라 그리하여 믿음 없는 자가 되지 말고 믿는 자가 되라 도마가 대답하여 이르되 나의 주님이시요 나의 하나님이시니이다"
(요 20:25-28)

천국에서 우리는 어떤 모습으로 살아가게 될까요? 천사들처럼 영체로만 존재하며 하늘을 날아다니는 것일까요? 그렇지 않습니다. 우리는 그곳에서 완전한 육체와 완전한 영체로 부활하여 하나님을 예배하게 될 것입니다(고전 15:42-44).

"이 말씀을 하시고 손과 발을 보이시나 그들이 너무 기쁘므로 아직도 믿지 못하고 놀랍게 여길 때에 이르시되 여기 무슨 먹을 것이 있느냐 하시니 이에 구운 생선 한 토막을 드리니 받으사 그 앞에서 잡수시더라"(눅 24:40-43)

예수님은 부활의 첫 열매가 되셨습니다(고전 15:20-34). 그러므로 우리는 예수님의 형상을 통해서 부활할 우리의 형상을 유추할 수 있습니다.

예수님은 완전한 육체를 가지고 부활하셨습니다. 제자들에게 자신의 몸을 보이셨고 그들과 함께 식사까지 하셨습니다. 자신의 육체적 부활을 증명하셨던 것입니다.

그런데 참 이상한 점은 예수님과 동고동락했던 제자들이 예수님을 쉽게 알아보지 못했다는 점입니다. 엠마오로 내려가던 제자들은 한참 동안 예수님과 이야기를 나누었지만, 예수님의 부활을 눈치채지 못했습니다. 그리고 무덤 근처에서 예수님을 만났던 마리아도 예수님을 쉽게 알아보지 못했습니다. 시간이 지나 예수님이 가진 특성을 통해서 어렵게 예수님을 알아보았습니다. 예수님의 목소리라든지, 떡을 나누어주시던 예수님의 사역적 특성을 통해서 말입니다(요 20:20). 이처럼 육체의 부활은 우리가 가늠할 수 없는 형상으로 나타나게 될 것입니다. 물론 아동기의 모습으로 나타날지 청년기의 모습으로 나타날지 아니면 완전히 다른 이의 모습으로 부활할지 정확하게는 알 수가 없습니다. 하지만 확실한 것은 부활하는 우리의 육체에는 한가지의 흔적이 남는다는 것입니다. 그것은 복음전파를 위해 희생했던 고난의 흔적입니다.

> "박해를 받아도 버린 바 되지 아니하며 거꾸러뜨림을 당하여도 망하지 아니하고 우리가 항상 예수의 죽음을 몸에 짊어짐은 예수의 생명이 또한 우리 몸에 나타나게 하려 함이라"(고후 4:9-10)

도마는 예수님의 부활을 의심하였습니다. 그래서 예수님께서는 자신의 육체에 새겨진 복음의 흔적을 만져보라고 말씀하셨습니다. 모든 부활의 형상에는 복음을 위한 희생이 선명하게 새겨질 것을 깨우쳐 주시는 것입니다. 그리고 그러한 흔적이 천국에서는 성도의 훈장과 같이 여겨질 것이 분명합니다.

사도들은 하나같이 순교를 당하였습니다. 어쩌면 부활하신 예수님의 형상을 되새기며 큰 결단을 내렸는지도 모릅니다. 복음을 위해 수난을 당함이 신령한 육체에 새겨질 것을 믿었기에(갈 6:17) 어떠한 핍박에도 고난을 감수하며 기쁨으로 복음을 전했던 것입니다.

"우리 살아 있는 자가 항상 예수를 위하여 죽음에 넘겨짐은 예수의 생명이 또한 우리 죽을 육체에 나타나게 하려 함이라"(고후 4:11)

신학도 시절 저는 노방전도에 관해 깊은 관심을 두게 되었습니다. 실천신학을 중요하게 생각하신 은사님의 영향을 받은 까닭입니다. 그런 제게 노방전도는 한동안 습관과 같은 사역이 되었습니다. 하지만 현재 노방전도는 사회적인 여건 변화로 인해 어려움을 겪고 있습니다. 전도지를 들고 사람들에게 다가가는 게 예전 같지 않습니다. 복음을 전하는 것이 사생활 침해라는 인식의 변화에서 더욱 사역이 위축되었습니다. 심지어 노방전도를 비효율적이라고 비판하는 신학자들도 나타나기 시작했습니다.

하지만 노방전도는 가볍지도 간단치도 않습니다. 모든 사역이 그렇듯 노방전도에도 많은 준비가 필요한 것입니다.

어린 시절 교회 생활이 떠오릅니다. 수요일 오후가 되면 점심을 마친 성도들이 삼삼오오 교회로 모여 전도지를 접었습니다. 대개는 연세가 지긋하신 권사님들이 대부분입니다. 두꺼운 돋보기를 쓰시고 목사님께서 인쇄해주신 전도지를 정성스레 접으시는 할머니들의 모습이 가끔 눈에 어른거립니다.

그렇게 정성스레 준비된 전도지를 들고 젊은 성도들이 교회 주변 마을로 나갑니다. 복음 없이 죽어가는 영혼을 살리는 것을 큰 사명으로 여겼습니다. 그러한 성도들의 열정은 하나님을 감동시키기에 충분했다고 믿어 의심치 않습니다. 그 덕에 한국교회는 큰 부흥을 맛보았습니다.

그 시절 복음을 향한 성도들의 열정은 커다란 유산으로 제게 남아 있습니다. 그래서 매주 성도들과 함께 가까운 지하철역에서 찬양을 부르며 복음을 전하는 사역을 감당하고 있습니다. 하지만 강퍅한 자들에게 복음을 전하는 일은 그렇게 녹록지만은 않습니다. 매번 감당하는 사역이지만 사람들의 냉소적인 반응과 핍박은 여전히 우리들 마음속에 깊은 상처를 남기곤 합니다.

한번은 미장원에 복음을 전하러 들어갔는데 아주머니들께서 머리를 손질하면서 시끄럽게 수다를 떨고 있었습니다(대개가 미용실이 동네 사랑방으로 통합니다). 그래서 저는 마음을 다잡고 담대하게 복음을 전하였습니다. 그런데 제 말을 듣던 한 아주머니가 피식 소리를 내며 비웃기 시작했던 것입니다. 나쁜 기운은 왜 그렇게 빠르게 전염이 되는지 모릅니다. 한 아주머니가 저를 얕잡아보니 다른 아주머니들도 입꼬리를 씰룩거리며 비아냥대기 시작했습니다. 식은땀이 등골로 흐르는 게 느껴질 정도였습니다. 어렵게 복음을 전하고 나오기는 했지만, 창피하고 무안해서 뒤도 돌아보지 못했습니다. 그런 호된 경험을 하게 되면 몹시 위축되어 막막해지기 마련입니다. 머리가 하얘지면서 전도자로서의 사명을 거부하고 싶었습니다. 사탄이 다른 곳에 전도하려는 제 발길을 강하게 막아선 느낌이 들었습니다.

그렇다고 준비해온 전도지를 도로 가지고 갈 수도 없었습니다. 지난밤 정성스레 준비해주신 성도들에게 면목이 없을 것 같아서였습니다. 그래서 마음을 다잡고 다시 복음을 전하기로 하였습니다.

눈앞에 신발을 수선하는 작은 구둣방이 보였습니다. 허름한 미닫이문을 조심스럽게 열자 어느 아저씨가 정신없이 구두를 닦고 있었습니다. 그런데 어찌 된 영문인지 그 아저씨가 전도지를 들고 서 있는 저를 반겨주시는 것입니다. 전부터 노방전도하는 것을 보며 도전이 되었다며 오히려 저에게 감사의 인사를 전하십니다. 그러면서 손가락으로 한쪽 벽을 가리켰습니다. 그곳에는 저와 우리 성도들이 전했던 전도지가 붙여져 있었습니다. 저는 눈이 휘둥그레졌습니다. 사람들 대부분이 무시하며, 길거리에 버리기 일쑤인 전도지가 누구에게는 하나님의 음성처럼 전달되었던 것입니다. 그곳에서 저는 하나님의 큰 위로하심을 경험하게 되었습니다. 그리고 그 순간 마음 한가운데 떠오르는 하나의 이미지가 있었습니다.

얼마 전 시골교회의 건축을 돕다가 뜨거운 핫 멜트가 떨어져 손등에 화상을 입었는데 그때 입은 상처가 생각났던 것입니다. 그리고 그때, 마음 깊은 곳에서 울리는 하나님의 음성이 있었습니다.

"내가 너희들의 수고를 반드시 기억할 거야."

> "각 사람의 공적이 나타날 터인데 그 날이 공적을 밝히리니 이는 불로 나타내고 그 불이 각 사람의 공적이 어떠한 것을 시험할 것임이라 만일 누구든지 그 위에 세운 공적이 그대로 있으면 상을 받고 누구든지 그 공적이 불타면 해를 받으리니 그러나 자신은 구원을 받되 불 가운데서 받은 것 같으리라"(고전 3:13-15)

각 사람에게 임할 하나님의 심판은 한마디의 말로 간단하게 결정되는 것은 아닙니다. 성경의 말씀과 같이 이 땅에서의 인생은 하나님 앞에서 불이 붙어 그것의 진위가 드러나게 됩니다. 사람이 개인적인 욕심에 사로잡혀 자기를 위해서 공적을 쌓으면 그것은 소멸되어 흔적 없이 사라지고 맙니다(마 6:19). 하지만 하나님의 영광과 복음을 위해서 쌓은 공적은 절대로 소멸 되지 않습니다. 그리고 그러한 의로운 공적은 부활한 우리의 육체에 남아 우리의 영광이 될 것이 분명합니다.

> "기도하실 때에 용모가 변화되고 그 옷이 희어져 광채가 나더라 문득 두 사람이 예수와 함께 말하니 이는 모세와 엘리야라 영광중에 나타나서 장차 예수께서 예루살렘에서 별세하실 것을 말할새"(눅 9:29-31)

베드로는 변화산에서 예수님과 이야기를 나누던 모세와 엘리야를 알아보았습니다. 그 시절에는 지금처럼 사진이란 것이 없었을 텐데 어떻게 모세와 엘리야를 정확하게 알아보았을까요? 베드로에게 신비한 은사가 있어서 단번에 그들을 알아본 것일까요? 저는 베드로가 모세와 엘리야의 모습에 남아있는 복음의 흔적을 보고 알아챘을 거라고 믿습니다.

복음을 위해 순교한 사도들과 같이 모세와 엘리야에게도 '복음의 면류관'이 있었던 게 분명합니다. 그러니 그들이 예수님께서 복음을 위해 받으실 수난에 관해 담소를 나누지 않았을까요?

> "우리가 잠시 받는 환난의 경한 것이 지극히 크고 영원한 영광의 중한 것을 우리에게 이루게 함이니"(고후 4:17)

저는 천국에 가면 바울을 알아볼 수 있을 것 같습니다. 브리스길라와 아굴라와 뵈뵈도 단번에 알아볼 것입니다. 그들의 신령한 육체에 새겨진 복음의 흔적이 그들의 영광스러움을 드러낼 것이 분명하기 때문입니다.

27 천국의 중심원리와 탈 본토 친척 아비집

"저 세상과 및 죽은 자 가운데서 부활함을 얻기에 합당히 여김을 받은 자들은 장가 가고 시집 가는 일이 없으며"(눅 20:35)

'구피'라는 열대어를 키운 적이 있습니다. 산소 공급기와 같은 장비가 없어도 제때 물만 갈아주면 별 탈 없이 잘 큰다고 하기에 기르게 되었습니다. 여러 물고기 중에 특별히 관심을 끄는 물고기가 있었습니다. 여느 물고기와는 다르게 등이 심하게 굽어 있어서 안쓰러운 마음이 컸던 것입니다. 그래서 녀석에게 이름까지 지어주며 보살펴주었습니다. 그런데 왕성하게 움직이는 다른 물고기들은 그렇지 않은 것 같습니다. 기회만 되면 등이 굽은 물고기를 괴롭히기에 바빴습니다. 입으로 꼬리를 쪼아대고, 지느러미를 물어뜯었습니다. 그래서인지 등 굽은 물고기는 늘 무리와 떨어져 구석에 처박혀 있었습니다.

세상의 중심원리를 한마디로 표현한다면 '약육강식'이란 네 글자로 압축됩니다. 약한 자는 강한 자에게 굴복하고 강한 자들은 약한 자를 이용해서 더러운 욕망을 채우는 구조입니다. 하지만 천국의 중심원리는 그것과 정반대입니다. 맹수들이 연약한 어린아이 앞에서 벌벌 기는 것처럼 피조물의 자력이 아닌 하나님의 은혜가 지배하는 곳이 바로 천국입니다.

하지만 만물의 영장이라는 사람이 하나님을 대항하여 선악과를 취하였을 때부터 질서는 바로 깨지고 말았습니다. 다스림을 받아야 하는 모든 피조물이 사람에게 비협조적으로 변질되었던 것입니다. 땅은 엉겅퀴와 가시덤불을 내었고 모든 동물은 사람을 적대시하기 시작하였습니다. 인간의 타락으로 인해 먹이사슬의 생태계가 세상을 지배하는 순간이었습니다.

"너희가 그것을 먹는 날에는 너희 눈이 밝아져 하나님과 같이 되어 선악을 알 줄 하나님이 아심이니라"(창 3:5)

하와는 선악과를 먹으면 죽을 것을 알고도 그것을 취하였습니다(창 2:17). 그만큼 그녀의 이기적인 야심은 원대했습니다. 그런데 사탄이 하와를 부추기는 모습을 보면 어쩐지 이상합니다. 사탄은 선악과를 찾은 하와만을 미혹하지 않았습니다. 떨어져 있는 아담까지 싸잡아 그들 모두가 하나님과 같은 전능자가 될 수 있다며 유혹했습니다. 그래서 하와가 자신이 취한 선악과를 아담에게도 나누어 주었던 것입니다. 결국 그들은 모두 사탄의 논리에 사로잡혀 하나님을 대항하기 시작했습니다.

"사람의 원수가 자기 집안 식구리라 아버지나 어머니를 나보다 더 사랑하는 자는 내게 합당하지 아니하고 아들이나 딸을 나보다 더 사랑하는 자도 내게 합당하지 아니하며"(마10:36-37)

예로부터 인간의 이기심은 가정을 중심으로 발전해 왔습니다. 사탄이 심어놓은 탐욕이 아담과 하와에게 전달되는 순간, 그들은 하나님과 분리되어 자신들의 세력을 구축하길 원했습니다. 그리고 그러한 삶의 방식은 빠르게 온 인류에 퍼져 나갔습니다. 그의 아들 가인이 하나님과 멀어져 세상 사람과 가정을 이루고 자신의 아들 이름으로 성을 쌓은 것처럼 말입니다(창 4:17). 그래서 예수님께서는 모든 죄악의 온상이 가정 안에 있음을 지적하셨습니다.

조금만 깊게 생각해보면 깨달을 수 있습니다. 야곱의 자녀들이 자기 가문의 우월성을 증명하려고 남의 집을 약탈했듯이(창 34:29) 모든 시기와 질투, 다툼과 분쟁은 가문과 자녀에 대한 집착에서 비롯된 것입니다. 내 자녀 때문에 남의 자녀를 미워하게 되고, 내 가정 때문에 타인의 가정과 경쟁하면서 살아가게 되는 것입니다. 그것이 바로 인간과 하나님 사이를 이간질해 온 사탄의 탁월한 전략이었습니다.

롯이 아브라함을 떠난 이유도 다르지 않습니다. 아브라함과의 동행은 자신의 가문을 형성하는 데에 도움이 되지 못함을 짐작했습니다. 결국, 롯은 아브라함과의 동행을 거부하고 근친상간을 통해서라도 자신의 대를 잇길 바랐습니다(창 19:32).

"저 세상과 및 죽은 자 가운데서 부활함을 얻기에 합당히 여김을 받은 자들은 장가 가고 시집 가는 일이 없으며 그들은 다시 죽을 수도 없나니 이는 천사와 동등이요 부활의 자녀로서 하나님의 자녀임이라"(눅 20:35-36)

천국에서는 가문의 개념이 사라집니다. 모든 천국 백성들이 하나님의 자녀로 살아갈 뿐입니다(마 24:38, 눅 14:26). 나의 아내가, 나의 자녀가 내 가족의 일원만이 아닌 것은 그리스도 안에서 모두가 한 형제요 자매인 까닭입니다. 천국의 중심원리를 깨우친 성도들은 가족 중심의 문화와 그러한 삶의 방식이 구원에 장애가 되는 것을 잘 알고 있습니다(마 10:36). 믿음의 선조 아브라함이 본토 친척 아비 집을 떠나 하나님께서 지시하시는 땅으로 향한 것처럼 자신의 가정을 초월하여 하나님 나라의 백성이 되길 바라는 것입니다.

어리석은 자들이 출세에 혈안이 되어있는 이유도 대부분이 가문 때문입니다. 그리고 완악한 세상은 그러한 이기심을 가정을 위한 헌신과 사랑으로 미화합니다. 하지만 마지막 날, 불 심판에서 그러한 공적은 모두 소멸하고 말 것입니다. 특별히 저와 같은 목회자들이 더욱 주의해야 합니다. 목회자들이 가정과 자녀를 집착하게 되는 순간, 성도들을 위해 헌신할 기회를 영영 잃어버리게 됩니다.

"너희는 어찌하여 내가 내 처소에서 명령한 내 제물과 예물을 밟으며 네 아들들을 나보다 더 중히 여겨 내 백성 이스라엘이 드리는 가장 좋은 것으로 너희들을 살지게 하느냐"(삼상 2:29)

엘리와 그의 아들들은 제사장이었습니다. 하지만 그들은 하나님께 진노를 받아 이른 나이에 사망하게 되었습니다. 그 이유 또한 그릇된 가정과 자녀에 대한 집착 때문이었습니다. 결국, 그러한 삶의 방식은 하나님께서 극히 혐오하시는 이기심을 낳았습니다. 그들은 성도들이 드리는 예물로 자신들의 배를 채우기에 급급했습니다. 어려운 형편의 과부와 고아를 돌보는 일은 안중에도 없었던 것입니다.

이스라엘에는 12사사가 있었습니다. 하지만 이 중에는 그 이름이 매우 생소한 자들도 있습니다. 야일, 입산, 엘론, 압돈 등이 그렇습니다. 그들이 이스라엘의 사사임에도 불구하고 생소한 이유는 성경에 그들에 관한 내용이 별로 기록되어 있지 않기 때문입니다. 쉽게 이야기하면, 그들은 사사로써 어떠한 공적을 쌓지 못했던 것입니다.

"그 뒤를 이어 베들레헴의 입산이 이스라엘의 사사가 되었더라 그가 아들 삼십 명과 딸 삼십 명을 두었더니 그가 딸들을 밖으로 시집 보냈고 아들들을 위하여는 밖에서 여자 삼십 명을 데려왔더라 그가 이스라엘의 사사가 된 지 칠 년이라"(삿 12:8-9)

한 여인이 육십 명의 자녀를 잉태하기는 불가능했을 것으로 보아 입산이라는 사사는 분명 여러 명의 아내를 두었을 것입니다. 그는 분명 육체에 사로잡혀 자녀와 가문에 집착하는 삶을 살았습니다. 허망한 일에 혈안이 되어 하나님의 일에는 게을렀던 것입니다(삿 12:14). 그리고 우리에게 생소한 대부분의 사사들이 그러한 행위를 답습하였습니다.

하나님은 하나뿐인 아들 예수 그리스도를 진징으로 사랑하셨습니다. 그를 세상으로 보내시고 질병과 고난 가운데 복음을 전하도록 하셨습니다. 타락한 인간을 구원하기 위해 십자가에서 희생하도록 하셨습니다. 역설적이게도 이것이 바로 예수 그리스도를 향한 하나님의 사랑이었습니다.

천국의 오해에서 벗어나야 합니다. 천국에는 인간의 혈통으로 이루어진 가문과 자녀들이 존재하지 않습니다. 호주가 되시는 하나님의 집에서 모두가 자녀의 신분으로 영원히 살게 될 것입니다. 하나님의 나라에서 모든 백성이 하나님의 자녀로 살아가는 꿈을 꾸어보십시오. 그곳에는 경쟁이나 다툼이 없고 그리스도의 평안만이 가득할 것입니다.

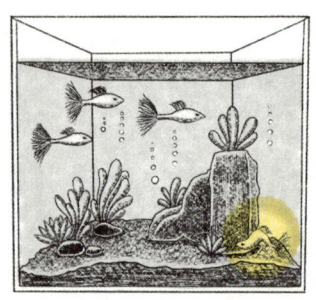

특별히 애정을 주며 잘 성장하길 바랐던 허리 굽은 물고기는 결국 죽고 말았습니다. 아마 불편한 몸을 이끌고 생존하는게 어려웠을 것입니다. 먹이를 주려고 어항을 들여다보니 다른 물고기들이 이미도 죽어버린 그 물고기의 사체를 조금씩 뜯어먹고 있었습니다. 그런데 그런 일이 있은 지 며칠 뒤에 이상한 일이 벌어졌습니다. 어항의 물고기 모두가 죽게 되었던 것입니다. 참으로 미스터리입니다. 변함없이 먹이를 주고 어항의 물을 깨끗하게 관리했는데 그런 일이 일어났으니 이해가 되지 않았습니다. 하지만 그러한 사건은 제게 큰 교훈을 남겼습니다.

이기심에 사로잡혀 남을 이겨 먹길 바라는 자에게 분명 천국은 어울리지 않는 곳입니다.

LIVING THE GOSPEL

3 PART

약할 때 강함 되시네

> " 그러므로 내가 그리스도를 위하여 약한 것들과 능욕과 궁핍과 박해와 곤고를 기뻐하노니 이는 내가 약한 그 때에 강함이라 "
>
> **고린도후서 12:10**

28 결혼에 성공하다

　신학교에서 아내를 만나 결혼에 이르기까지는 우여곡절이 참 많았습니다. 특히 장인, 장모님께 결혼 승낙을 받는 일은 아무리 생각해도 쉽지 않았다는 기억이 있습니다. 딸아이를 가진 부모가 되면서 그때 두 분이 가진 마음도 충분히 이해할 수 있게 되었지만, 그때만 해도 얼마나 떨리고 긴장을 많이 했었는지 모릅니다. 지금의 딸아이가 어떤 사윗감을 데리고 온들 흔쾌히 승낙할 수 있을까요?

　아내의 졸업식이 있기 하루 전날, 아내는 전혀 예측하지 못하고 있었던 당황스러운 소식 하나를 전해 주었습니다. 부모님께서 졸업식에 오실 터인데 그때 저를 만나보고 싶어 하신다는 것이었습니다. 소식을 듣자마자 그동안 모아둔 용돈을 탈탈 털어 부랴부랴 백화점으로 달려갔습니다. 두 분을 뵐 때 입을 양복을 한 벌 마련했습니다. 돌아오는 길에는 목욕탕에도 들렸습니다. 때 빼고 광도 내서 좋은 점수를 따고 싶었습니다. 그뿐이 아닙니다. 졸업식 당일에는 아침 일찍 일어나 난생처음으로 미용실에 들렀습니다. 깨끗하게 광이 나는 구두에 새로 사 입은 정장에 머리 손질까지 모든 공을 다했습니다. 하지만 어른들을 만날 시간이 가까워지자 한 번 요동치기 시작한 심장은 잠잠해지는 법을 잊어버린 듯했습니다.

학교에 도착해보니 이른 아침인데도 꽃을 든 축하 인파로 북적였습니다. 안 그래도 긴장이 되었는데 사람까지 북적이니 정신이 없었습니다. 그래도 가장 멋을 낸 모습을 유지하고 싶어 쉴 새 없이 화장실을 들락거리며 거울 앞에서 흐트러진 모습을 바로 잡기를 거듭했습니다.

그날, 날씨는 무척 추웠고 눈까지 내려 학교 로비는 빙판으로 변해 있었습니다. 그런데 그렇게 조심한다고 애를 썼는데도 너무 긴장한 탓인지 화장실을 다녀오다가 로비에서 그만 미끄러져 엉덩방아를 제대로 찧고 말았습니다. 그야말로 체면을 구길 대로 구겨버린 아찔한 순간이었습니다. 어떻게 장만한 양복인데, 깨끗했던 바지는 물론 하얀 와이셔츠까지 한순간에 망가지고 말았습니다. 급한 대로 휴지를 꺼내 여기저기 얼룩진 부분을 문질러 보았으나 소용이 없었습니다. 원상복구 불가였습니다. 문지를수록 얼룩은 더 번지고 휴지 자국으로 더욱더 지저분해질 뿐이었습니다. 더럽혀진 새 옷처럼 제 기분도 완전 엉망이 되고 말았습니다.

화장실로 뛰어 들어가 거울에 비친 일그러진 모습을 보고 나서야 처가 부모님을 만날 준비를 하면서도 하나님께 도움을 구하지 않았던 교만함을 깨닫게 되었습니다. 변기에 쭈그려 앉아 자책하며 한숨짓고 있을 때, 아내에게서 전화가 왔습니다. 지금 부모님께서 도착하셨으니 서둘러 주차장으로 나오라는 것이었습니다. 당황은 잠시 염치 불고하고 하나님께 입을 열었습니다.

"아버지, 죄송해요. 제 모습이 꼭 아담과 같지요? 아담이 무화과나무 잎으로 죄를 가렸던 것처럼 저도 허물을 가리려고 사람에게 좋은 모습만 보이길 원했어요. 그런데 제 허물이 얼마나 큰지 그 어떤 것으로도 가릴 수가 없네요. 하나님, 도와주세요. 어리석었던 저를 용서해주시고 주님의 보혈로 허물을 덮어주세요. 주님이 도우셔서 떨지 않고 어른들을 뵐 수 있게 힘주세요."

더러워진 셔츠의 소매를 보이지 않게 가린 뒤 최대한 자연스러운 모습으로, 아내의 부모님이 계신 곳으로 향했습니다. 멀리 아내와 부모님이 보였습니다. 농구선수 출신으로 훤칠한 아내의 아버지는 한눈에 띄었습니다. 어머니께서는 미모가 뛰어나셨는데 작은 키에 보잘것없는 저를 얼마나 위축되게 했는지 모릅니다. 그나마 옷이 날개라 했는데 조금 전에 정성스레 마련한 새 옷마저 엉망이 되어버렸으니 나름 세워보려 했던 자존심은 이미 꺾여버리고 말았습니다. 그런데 저를 대하시는 두 어른의 표정은 예상보다 밝으셨습니다. 처음 만났던 그 날 그 순간의 표정을 아직도 생생하게 기억합니다. 지금은 장인이 되신 아버님은 저에게 충격적인 인사를 건네오셨습니다.

"미남이구나."

살면서 두 번째로 들어봤던 말이었습니다(저를 미남이라고 처음 말씀해주신 분은 바로 저의 어머니십니다. 고슴도치도 제 새끼는 함함하다고 했던가요?). 순간 하나님께서 제 기도를 들으셔서 그분들의 눈을 멀게 하셨구나 하는 생각이 들었습니다. 아무튼, 그렇게 우여곡절 끝에 하나님의 도우심으로 장인 장모님과의 첫 만남이 이뤄졌습니다.

며칠이 지난 후, 아내는 그날 부모님에게 있었던 일을 제게 들려주었습니다. 졸업식 날 아침 아내의 부모님은 날씨가 너무 추워서 차 안에서 졸업식이 끝나기를 기다리고 계셨다고 합니다. 그런데 그때 어떤 한 청년이 나타나 차를 기웃거리더랍니다. 청년은 덥수룩한 머리에 모자를 썼고 두꺼운 파카를 입었는데 예의 없이 차 안에 사람이 있는데도 불구하고 차창을 기웃거리며 옷매무새를 다듬었다고 합니다. 그때 부모님은 그 청년이 딸의 남자친구인 줄 생각이 되어 인상을 찌푸리며 딸이 왜 저런 청년과 사귀었을까를 근심하셨다고 합니다.

그런데 다행히도 아내가 먼저 부모님이 계신 차를 찾았고 이어 그 청년보다는 멀쩡한 제가 딸의 남자친구로 등장했던 것이었습니다. 어찌면 그때 들려준 장인어른의 "미남이구나"라는 인사는 바로 직전에 차창에 비친 청년의 모습으로 실망하셨던 반전에서 나온 안도의 표현이었으리라 생각됩니다. 저는 지금도 그 청년을 하나님께서 보내주신 귀인이라고 믿고 있습니다.

"환난 날에 나를 부르라 내가 너를 건지리니 네가 나를 영화롭게 하리로다"(시 50:15)

성도가 가진 신앙의 진위는 위기와 고난 앞에서 증명됩니다. 난관에 봉착하게 될 때 무엇을 의지하느냐가 그 믿음의 상태를 드러나게 하는 것입니다. 그런 측면에서 하나님이 허락하시는 고난을 묵상하노라면 그것이 그저 슬프고 고통스럽지만은 않습니다. 때로는 얼마나 고맙고 소중하게 다가오는지 모릅니다. 삶의 크고 작은 문제 앞에서 완악한 본능을 깨닫고 제 영혼의 상태를 진단할 수 있는 계기를 제공하니 말입니다. 나아가 하나님의 놀라운 섭리를 발견하여 믿음의 확장까지도 이루게 할 수 있으니 이러한 고난의 은혜를 어찌 감사하지 않을 수 있겠습니까? 한 벌의 새 양복이나 깨끗한 매무새가 저를 성공으로 이끈 게 아니라 절망스러운 위기 상황에서 짧았지만, 간절하게 올려드린 회개가 하나님의 도움을 이끌어냈음을 저는 잘 알고 있습니다.

29 등을 돌리신 이유

"바리새인들은 돈을 좋아하는 자들이라 이 모든 것을 듣고 비웃거늘"(눅 16:14)

인터넷에 떠도는 출처 없는 글 중에 '원숭이 사냥법'이라는 글이 흥미롭습니다. 열대지방 원주민들은 통나무에 작은 호리병을 매달고 그 안에 원숭이가 좋아하는 견과류나 곡물을 넣어 놓습니다. 냄새를 맡고 다가온 원숭이가 간신히 손을 넣어 곡물을 한 주먹 가득 움켜쥐면 손을 빼려 하나 빠지지 않습니다. 이때 사람이 다가가도 원숭이들은 한 줌의 곡물을 포기하지 못하여 그만 사로잡히고 맙니다. 손을 펴면 위기에서 빠져나갈 수 있으련만, 움켜쥔 한주먹의 욕심 때문에 산채로 끌려가게 되는 것입니다. 어리석은 원숭이를 비하하는 이야기일 수도 있으나 많은

성도가 비슷한 올무에 사로잡히고 맙니다.

"… 천하 만국과 그 영광을 보여 이르되 만일 내게 엎드려 경배하면 이 모든 것을 네게 주리라"(마 4:8-9)

지금도 사탄에게 절하면 많은 물질과 능력을 거머쥘 수 있습니다. 바꿔 말하면 사탄이 물질을 이용해 성도의 신앙을 도적질하는 것입니다. 사탄이 가진 물질을 소유하게 되면 하나님과 멀어지는 것은 시간 문제입니다.

오늘날 기독교계에 가장 큰 문제는 십자가를 내건 교회에서 그러한 우상숭배가 자행되고 있다는 사실입니다. 복음을 오해한 목회자들과 성도들이 예수를 이용하여 부와 명예를 축적하려는 어리석은 시도를 계속하고 있는 것입니다. 물론 성경은 그들의 논리를 반대합니다. 오히려 부자가 천국에 들어가는 것을 불가능에 가까운 것이라고 주장하고 있습니다(눅 18:25).

하루는 겉과 속이 다른 저를 묵상하며 실망한 적이 있습니다. 하나님의 뜻을 알면서도 받아들이지 않는 고집스러운 제 속사람은 말씀에 타협하는 이유를 시대 탓으로 돌리고 있었습니다. 그래도 내가 처한 시대에서 물질과 명예는 어느 정도 소유할 필요가 있다는 게 그 시설의 서의 지론이었습니다. 하지만 언제나 제 고집스런 생각을 깨뜨리는 것은 하나님의 말씀이었습니다.

"거라사인의 땅 근방 모든 백성이 크게 두려워하여 예수께 떠나가시기를 구하더라 예수께서 배에 올라 돌아가실새"(눅 8:37)

귀신들린 거라사인 하나가 예수님을 만나 자유함을 얻게 되었습니다. 하지만 그것의 대가는 실로 컸습니다. 거라사인들이 치던 돼지들이 몰사하여 금전적으로 계산할 수 없는 피해를 가져왔기 때문입니다. 결국 돼지를 치던 자들은 예수님께 떠나가시기를 요구하였습니다. 이 대목에서 주목해야 하는 것은 예수님의 냉랭한 반응입니다. 가여운 형제가 치료받은 것보다 자신들에게 가해진 피해에 대하여, 이기적이고 옹졸한 반응을 보인 그들에게 예수께서는 아쉬움 없이 등을 돌리셨다는 것입니다. 그렇다고 돼지를 치던 자들이 진리를 모를 리 없습니다. 예수 앞에서 귀신도 믿고 떠는 모습을 목도했으니 그가 하나님의 아들이심을 직감했을 것입니다. 하지만 그들은 구원을 바라며 예수를 붙좇기보다 허망한 소유에 더욱 집착하여 예수님을 끝내 거부하였습니다,

"이것은 비유니 이 여자들은 두 언약이라 … 이 하갈은 아라비아에 있는 시내 산으로서 지금 있는 예루살렘과 같은 곳이니 그가 그 자녀들과 더불어 종 노릇 하고 오직 위에 있는 예루살렘은 자유자니 곧 우리 어머니라"

(갈 4:24-26)

성경은 세상의 교회를 두 부류로 구분합니다. 성도를 양과 염소로 나누었던 것처럼 (마 25:32-33) 교회를 세상에 속한 성전과 하늘에 속한 성전으로 구분하는 것입니다. 공생애 중에도 그러한 구별은 예수님의 자리로 묘사되었습니다. 예수께서는 의도적으로 세속적인 축복을 추구하는 예루살렘 성전을 마주 대하시며 그곳에 임할 멸망을 예고하셨습니다 (막 13:2).

하갈은 자력갱생을 대표하는 인물입니다. 백세가 가까이 되도록 자녀를 갖지 못하던 아브라함이 하갈을 통해 이스마엘을 낳은 것은 그

사실을 증명하기에 충분합니다. 반면 성경은 사라를 잉태치 못한 자로 칭합니다. 하나님의 은혜로만 연명하는 약자의 대표가 사라인 것입니다. 그러나 육체의 자력으로 아들을 잉태했던 하갈의 오만함은 하나님의 심기를 불편하게 하였습니다. 그녀는 자신의 여주인 사라를 멸시하였고(창 16:4) 그의 후생 이스마엘 또한 자신보다 연약했던 이삭을 박해하였습니다(창 21:9, 갈 4:29).

> "그러나 성경이 무엇을 말하느냐 여종과 그 아들을 내쫓으라 여종의 아들이 자유 있는 여자의 아들과 더불어 유업을 얻지 못하리라 하였느니라"
> (갈 4:30)

결국, 그들은 하나님의 명령에 따라 아브라함에게 유기되었습니다. 하나님께서 보잘것없는 능력으로 거드름을 피우는 그들과 결별을 선언하신 것입니다(창 21:12).

이스라엘 백성들에게 출애굽을 명령하신 이유와 하나님께서 가나안 원주민들을 기피하신 이유를 같은 맥락에서 이해할 수 있습니다. 그들 모두는 네피림의 후예들로 그릇된 종교심을 이용해서 자신의 명성과 야망을 탐하는 자들이었습니다. 결국, 그들의 신앙의 방식은 경쟁 사회의 토대가 되었고 그들은 지금도 남들보다 더 많은 것을 소유하길 바라며 자신을 위한 바벨탑을 쌓고 있습니다. 하지만 반대로 하나님과는 그만큼 더 멀어진 상태입니다(창 4:16).

언젠가 포털 사이트에 한 여인이 올린 글을 보았습니다. 그녀는 자신이 야간업소 종사자임을 밝히며 자신의 불우한 삶을 호소하였습니다.

그리고는 가까운 교회에 등록하여 예수님을 믿고 싶지만, 선뜻 용기가 나지 않는다고 고백했습니다. 만약 자신의 신분이 노출된다면 교회에서 큰 망신을 당할 수 있다는 것이 그녀의 고민이었습니다.

그녀의 글은 저의 마음을 아프게 했습니다. 안타까운 그녀의 처지도 그렇지만 그보다는 세상에 비추어진 기독교의 그릇된 인식이 저를 너무 불편하게 만들었습니다. 하지만 부인할 수 없는 사실은, 오늘날의 교회가 경쟁에서 밀려난 연약한 자들을 환영하지 않는다는 사실입니다. 그래서인지 성경에 등장하는 예수님과 오늘날의 교회 사이에서 큰 괴리감을 느끼는 사람들이 점점 늘고 있습니다. 예수님 주변에는 언제나 약자들로 넘쳐났습니다. 대부분이 병들고 가난하여 삶에 지친 사람들이었습니다. 그런데 그를 추종하는 현대 교회는 도리어 가난한 자와 약자를 멸시하는 상황에 있으니 말입니다.

"… 나는 애굽 소년이요 아말렉 사람의 종이더니 사흘 전에 병이 들매 주인이 나를 버렸나이다"(삼상 30:13)

기독교 정신은 사랑입니다. 하나님을 사랑하고 이웃을 사랑하는 것이 참된 믿음의 실체입니다. 물론 그러한 사실을 부정할 성도들은 없겠지만 사랑을 목적으로 신앙생활을 하는 성도들은 생각보다 많지 않은 게 사실입니다. 교회가 잘못된 가치를 추구하고 성경을 곡해하여 기복의 수단으로 오용하니 성도들은 서로 사랑하라는 하나님의 명령을 망각한 채, 서로를 경쟁의 상대로만 여기고 있는 것은 아닐까요?

말씀을 통해 유기된 세상 사람들의 삶의 방식을 엿볼 수 있습니다. 약육강식과 적자생존의 문화에 사로잡힌 아말렉 사람들은 지난날 하갈과 이스마엘처럼 연약한 애굽 소년을 천시하다가 유기해버렸습니다. 병들어 약해진 소년이 자신들에게 아무런 유익이 없다고 판단했기 때문입니다. 하지만 다윗은 달랐습니다. 지난날 버려진 자신을 구원하여 주신 하나님의 은혜를 회상하며, 병든 채 버려진 애굽 소년을 구하여 극진히 대접하였습니다. 결국, 그러한 다윗의 반응에 하나님은 크게 감동하셨습니다. 애굽 소년이 일러준 정보를 기반으로 블레셋을 이길 수 있었으니 말입니다(삼상 30:15).

예수님께서 거라사 지방의 사람들에게 등을 돌리신 이유를 깨달아야 합니다. 여전히 이기심에 사로잡혀 물질주의와 번영신학이 주류를 이루지만 결국 그러한 가치관들이 하나님의 영광에는 전혀 상관이 없다는 것을 깨달아야 합니다. '이웃사랑'이라는 하나님의 명령에서 멀어져 그것에 관심을 두지 않을 게 분명하기 때문입니다. 하지만 하나님과 멀어지면 우리의 구원 또한 물거품이 되고 맙니다. 어떤 찬송가의 가사처럼 그분이 우리를 떠나시면 우리의 인생은 헛될 뿐입니다.

30 권찰님 미안합니다

"… 이스라엘 목자들은 화 있을진저 … 너희가 그 연약한 자를 강하게 아니하며 병든 자를 고치지 아니하며 상한 자를 싸매 주지 아니하며 쫓기는 자를 돌아오게 하지 아니하며 잃어버린 자를 찾지 아니하고 다만 포악으로 그것들을 다스렸도다"(겔 34:2-4)

전도사 초년 시절, 신학교 근처에서 혼자 자취를 했었습니다. 다들 짐작하겠지만 자취하면서 끼니를 제때 챙겨 먹는다는 것은 여간 부지런해서는 쉽지 않은 일입니다. 그때, 지금도 잊지 못하는 고마우신 어느 권사님이 계셨습니다. 끼니를 잘 챙기지 못하는 사정을 아시는 한 권사님께서 주일마다 집으로 부르셔서 저녁밥을 챙겨 주시곤 하셨습니다. 권사님으로부터 초대를 받아 처음 집에 방문하게 되었을 때, 저는 권사님께서 아들과 함께 지내고 계신다는 사실을 처음 알게 되었습니다. 그간 권사님께서 아들과 함께 교회에 출석하신 일이 한 번도 없었기 때문에 혼자이신 줄로만 알았던 것입니다. 그래서 식사를 하면서 조심스럽게 아드님과 함께 교회에 나오지 않으시는 이유를 여쭤보았습니다. 그러자 "왠지 아들을 데리고 교회 나가는 게 맘이 편하지 않아요."라는 대답을 들려주셨습니다. 나중에 알게 된 사실이지만 권사님의 아들은 지적장애가 있는 분이었습니다. 장애아들과 함께 교회를 다니면 다른 성도들로부터 받게 될 눈총이 부담스러웠던 것입니다.

　당시 사역했던 교회에는 화장실 청소나 쓰레기 분리수거 등 남들이 마다하는 궂은 일들을 성실하게 감당하는 한 권찰님이 계셨습니다. 그런데 안타깝게도 그분 역시 약간의 지적장애를 동반하고 있었습니다. 그래서인지 성도들 대부분 그 권찰님을 가까이하려 하지 않는 게 눈에 보였습니다.
　한번은 야유회가 있었는데 아무리 권찰님을 찾아도 보이지 않았습니다. 그래서 한 집사님을 만나 그 분이 야유회에 함께 오지 않은 이유를 물었습니다. 그때 이렇게 대답을 들었습니다. "글쎄요. 권찰님께 아무도 연락하지 않은 것 같은데요."
　그 좋은 날 제 마음은 무거워지고 먹먹해졌습니다.

　한 주가 지나 주일에 교회로 들어서는데 그 권찰님이 예전과 다름없이 웃으며 저를 맞이하셨습니다. 주일이면 성도들보다 일찍 교회에 나와 예배를 준비하는 저를 도와주시는 친절하신 분이십니다. 그런데 그날 피하고 싶었던 질문을 듣게 되었습니다.
　"지난주 주일에 다들 어디 갔었어요? 교회 앞에서 한참 동안 기다렸는데 아무도 안 와서 기다리다가 돌아갔어요."
　말을 돌리며 대답을 생각하다가 결국, 미안한 마음에 둘러댔습니다. 야유회를 갔다고 사실대로 말하면 분명히 서운해 마음이 상할 수밖에 없다는 생각이 들어서 거짓말을 하고 만 것입니다.

　교회는 연약한 이들이 숨 쉴 수 있는 곳이어야 합니다. 세상에서 소외당하는 가난한 자들, 질병으로 고통을 당하는 자들이 웃으며 예배할 수 있는 곳이어야 합니다. 불편하지만 존중받고 안타깝지만 사랑받을 수 있는 곳이 하나님의 예배 공동체인 교회이지 않은가요?

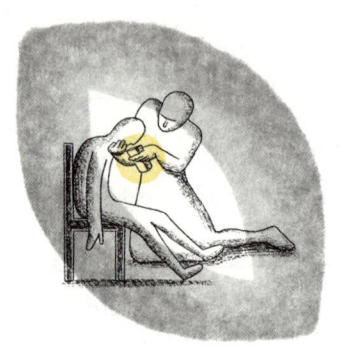

31 창조주 놀이에 사로잡힌 인간들

사람은 하나님에 의해 창조되었습니다. 하나님의 형상을 따라 만들어진 사람은 무엇보다 자신을 만드신 하나님께 영광 돌리며 예배해야 합니다(사 43:21). 하지만 타락한 사탄은 어떻게 해서든 사람이 창조주의 목적에 따르지 못하도록 안간힘을 쓰며 훼방하고 있습니다. 땅의 것에 매여 고단한 세상살이에 집중하게 하므로 하나님의 뜻에서 멀어지게 만든 것이 사탄의 계략입니다.

하나님께서 지으신 에덴의 질서를 통해 천국에서의 삶을 유추해 볼 수 있습니다. 그곳에서의 생활방식에는 한 가지 법칙이 존재합니다. 선악과를 취하는 것이 금지되었던 것입니다. 반면 선악과를 제외한다면 다른 모든 것을 마음껏 누릴 수 있는 자유가 주어졌습니다. 훗날 택함 받은 성도들 역시도 천국에서 그러한 삶을 영위하게 되리라 믿습니다. 오직 창조주이신 하나님의 은혜로 부족함 없이 사는 풍요롭고 자유로운 그런 삶 말입니다.

하지만 문제는 탐욕입니다. 먹지 말라 했던 선악과의 열매가 왜 그리 탐이 났을까요? 선악과가 창조주 하나님의 명령을 어기고 목숨을 걸어야 할 만큼 매력적이었던 걸까요? 선악과 근처를 서성이던 하와는 결국 유혹을 작정하고 기다리던 뱀을 만나게 됩니다. 예상치 못했던 뱀의 계략에 마음을 빼앗긴 하와는 선악과를 취하였고, 그로 인해 아담까지 탐욕에 사로잡혀 사망의 지배를 받는 세상으로 추방당하고 말았습니다. 물론 선악과를 먹었다고 해서 눈이 밝아져 하나님과 같이 되었던 것은 아니었습니다. 하지만 그들은 신이 될 수 있다는 허망한 기대를 버리지 못했습니다.

호흡 있는 모든 생명은 하나님만이 창조하실 수 있는 본연의 영역이었건만 에덴의 질서를 깨뜨린 아담과 하와는 창조 놀이에 빠져 스스로 생명을 잉태하려 시도하였습니다. 놀라운 것은 씨가 없었던 아브라함이 이방 여인 하갈을 통해 이스마엘을 낳은 것과 같이, 아담과 하와 사이에 새로운 생명이 잉태되었다는 사실입니다. 물론 아담은 "내가 여호와로 말미암아 득남하였다"(창 4:1)라고 하였지만, 이들 사이에서 태어난 아들은 불행하게도 형제를 살해하는 범죄자가 되었습니다. 인간이 창조한 생명이 오히려 그들의 삶을 스스로 피폐하게 만든 것입니다.

"요셉을 알지 못하는 새 왕이 일어나 애굽을 다스리더니 그가 그 백성에게 이르되 이 백성 이스라엘 자손이 우리보다 많고 강하도다"(출 1:8-9)

하나님께서는 남자와 여자를 창조하시고 그들에게 복을 주시며 "생육하고 번성하여 땅에 충만하라"(창 1:28) 명령하셨습니다. 하지만 그것은 인간이 스스로 생명을 잉태하고 번성하므로 자력갱생을 이루라는 말이 아니었습니다. 거듭 강조하지만, 부족사회를 기반으로 가족의 수를 늘려 경쟁력을 키우는 일은 오히려 신앙생활에서 멀어지는 결과를 낳게 될 뿐입니다. 이스라엘이 애굽의 지배를 받기 전, 그들은 애굽의 백성들보다 더 강하고 수도 많았습니다. 하지만 그 당시 이스라엘 백성들은 하나님과의 관계가 단절된 상태였습니다. 보잘것없는 자신들의 능력에 심취하여 하나님의 필요성을 느끼지 못했던 것입니다.

동정녀의 몸에서 나신 예수님의 모습은 이러한 생각에 한층 깊은 도전을 줍니다. 예수님의 탄생은 오직 성령의 능력으로만 완성되었습니다. 하나님께서는 사람의 생리적인 결합에 의한 독생자의 출생을 거부하셨습니다. 바꿔 말하면, 하나님의 창조 방식과 인간의 창조 방식이 서로 대조를 이루고 있다는 것입니다. 따라서 하나님은 사람의 자력으로 생명을 잉태하려는 시도를 극도로 거부하십니다. 그러한 삶의 방식 자체가 하나님의 자리를 탐하는 오만한 시도이기 때문입니다.

"여호와 하나님이 아담을 깊이 잠들게 하시니 잠들매 그가 그 갈빗대 하나를 취하고 살로 대신 채우시고"(창 2:21)

하나님의 창조 방식은 복음을 깨달은 성도의 희생으로 완성이 됩니다. 하나님께서 하와를 만드신 과정을 묵상하면 그러한 사실이 더욱 명백해집니다.

하나님께서는 자신의 생기를 불어넣기 위하여 아담에게 안식을 허락하셨습니다(창 2:7). 그것은 우리가 안식일의 예배를 통하여 하나님의 말씀을 깨우치는 것과 같은 원리입니다. 그리고 그러한 안식은 이웃을 위한 성도의 희생으로 오롯이 연결되어 거룩한 열매를 맺게 됩니다. 그래서 하나님의 생기를 받은 아담이 하와의 탄생을 위해서 자신의 갈비뼈

PART 3. 약할 때 강함 되시네

를 희생한 것입니다.

> "하나님이 그에게 이르시되 나는 전능한 하나님이라 생육하며 번성하라 한 백성과 백성들의 총회가 네게서 나오고 왕들이 네 허리에서 나오리라"
> (창 35:11)

하나님께서 야곱에게 이스라엘이라는 새 이름을 주시며 그의 허리에서 히브리 민족의 형성을 언약해주셨습니다. 그런데 야곱의 허리에서 후손들이 나온다는 표현이 독특합니다. 허리로 번역된 히브리어 '할라츠'는 남성의 생식기보다는 "꺼내다", "뽑아내다", "측면, 옆구리"의 의미를 더 크게 내포하고 있기 때문입니다. 즉 히브리 민족의 형성은 야곱의 혈통으로 이루어지는 것이 아닌 믿음의 선조들의 희생으로 완성되는 것입니다. 하나님께서 아담의 옆구리 갈비뼈를 통해서 하와를 창조하신 것처럼 말입니다.

이러한 하나님의 언약을 뒤이어 한 사건이 발생하였습니다. 야곱의 장자 르우벤이 자신의 아버지 첩과 동침하였던 것입니다(창 35:22). 하지만 그러한 상황에서 야곱의 믿음은 흔들리지 않았습니다. 육체적인 혈통과 가문형성에 치우쳐 장자를 집착했더라면 야곱은 크게 낙심하였을 것입니다. 하지만 야곱은 하나님의 민족이 어떻게 형성되는지를 깨달았기 때문에 오히려 태연하였습니다. 예수님께서 자기 백성을 구원하시기 위해 십자가의 희생으로 옆구리에서 물과 피를 쏟으셨던 것처럼 야곱은 자신의 희생을 통해서 성도를 세워나가는 것이 진정한 하나님의 창조 방식임을 깨달았던 것입니다.

"잉태하지 못하며 출산하지 못한 너는 노래할지어다 산고를 겪지 못한 너는 외쳐 노래할지어다 이는 홀로 된 여인의 자식이 남편 있는 자의 자식보다 많음이라 여호와께서 말씀하셨느니라"(사 54:1)

아직도 잉태하지 못한 자가 많은 자녀를 양육하고 있습니다. 저희 교회에서 품고 있는 장애인들이 저희 자녀가 되는 것과 같은 이치입니다. 육체적인 혈통을 초월하여 고아와 과부를 위해서 헌신할 수 있는 영의 아버지가 되어야 합니다. 하지만 대개는 여전히 아담의 길을 답습하고 있습니다. 자신과 자기 가문의 '혈통'을 스스로 설계하고 그것을 실현하려 땀을 흘리고 있는 것입니다. 결과야 뻔합니다. 가인과 같이 하나님의 영광에서 멀어져 헛된 수고로 인생을 허비하고 말 것입니다.

32 할례의 역행과 하나님의 위로

성령의 조명하심을 힘입어 하나님의 말씀에 집중하니 그동안 삶을 옭아매었던 사탄의 잔꾀가 선명하게 드러나기 시작했습니다. 선악과를 먹고 하나님과 같이 되길 바라는 부끄러운 속내와 마주하게 되었습니다. 하나님의 은혜 없이도 스스로 떳떳하고 의로운 사람이 될 수 있다고 믿었던 교만함과 탐욕이 제 안에 감추어져 있었던 것이었습니다. 그러한 허물이 말씀 앞에 드러나는 순간, 저는 완전히 무너지고 말았습니다. 하지만 어찌나 교만했던지 하나님께 두 손 들고 항복하고 싶지는 않았습니다. 마지막 남은 알량한 자존심 때문이었는지 위선적인 저의 모습을 도무지 인정할 수 없어 모른 체하였습니다. 하지만 오래가지 못해 발가벗겨지고 말았습니다. 아담이 하나님 앞에서 드러난 수치로 인해 숨어 버릴 수밖에 없었던 심정을 이해할 수 있었습니다.

유대인에게 '할례'는 언약의 상징이요 구원의 징표로 여겨졌습니다. 할례를 신앙의 절대적인 행위라 믿었던 그들은 할례받지 아니한 자들을 이방인이라 정죄하였습니다. 로마서의 말씀을 보면 기독교 신앙을 집대성한 사도바울 역시도 할례의 중요성에 대해 강조하고 있습니다. 신약성경에 '할례'라는 단어가 모두 45번 언급되었는데, 사도바울은 자신의 저서에 이 단어를 무려 33번이나 사용했으니 말입니다. 물론 사도바울의 주장은 행위를 강조했던 바리새인들과는 본질에서부터 상당한 거리가 있습니다. 사도바울은 할례의 행위보다는 그것에 담긴 의미에 초점을 맞추었습니다. 다시 말해 그는 마음의 할례를 강조했습니다(롬 2:29).

"너희 중 남자는 다 할례를 받으라 이것이 나와 너희와 너희 후손 사이에 지킬 내 언약이니라 너희는 포피를 베어라 이것이 나와 너희 사이의 언약의 표징이니라"(창 17:10-11)

하나님께서 직접 언약의 표징으로 할례를 명하셨기 때문에 성도라면 누구나 할례의 참된 의미를 알아야 하고 받아들일 수 있어야 합니다.

남자의 육체에서 가장 연약한 부분은 성기 끝 귀두 부분입니다. 포피는 바로 가장 연약한 부분을 보호하는 결정적인 역할을 담당합니다. 하지만 하나님께서는 포피를 제거하라고 명령하십니다. 약함을 스스로 가리기보다 오히려 드러나게 하므로 자기부정에 도달하기를 바라시는 것입니다. 하지만 아담과 하와는 할례의 의도를 역행하였습니다. 자신의 연약함을 깨달아 하나님의 도우심을 의지하기보다는 선악과를 취하므로 약함을 더욱더 두텁게 방어하였습니다. 그것이 바로 무화과나무 잎으로 엮은 치마의 실체입니다(창 3:7). 세상의 어떤 것으로도 완전하게 가릴 수 없는 원죄를 어쭙잖게 무화과 나뭇잎으로 가리려 애쓰는 모습이 참으로 안쓰럽기만 할 따름입니다.

물론 그러한 허망한 시도가 자취를 감춘 것도 아닙니다. 모든 사람이 열망하는 부귀영화를 가치로 삼거나 세속적인 출세를 바라는 것도 자신의 능력으로 원죄를 가리려는 불순한 의도가 포함되었음을 결코 부정할 수 없습니다.

매년 입시 철이 되면 교회 안에는 긴장감이 고조됩니다. 고등부 학생들은 물론이고 재수를 준비했던 청년들의 평가가 수능점수라는 결과로 나타나기 때문입니다. 안타깝지만 많은 학생이 입시 결과로 자신의 운명이 결정된다고 믿는 것 같습니다. 입시를 치르고 나면 결과에 따라 적잖은 청년들이 교회를 떠납니다. 원하던 대학에 입학하지 못해 하나님을 향한 믿음까지 흔들리게 되어 신앙생활마저 단념하게 되는 겁니다. 어쩌면 목회자의 그릇된 가치관이 청년들을 교회 밖으로 내모는 데에 한몫한 것인지도 모릅니다. 성경에 반하는 형통만을 외쳐대니 그러한 논리에 넘어간 자들이 자신을 위한 금송아지를 만들기 위해 안간힘을 쓰다가 실망하게 되는 것입니다.

"아브람이 이르되 주 여호와여 무엇을 내게 주시려 하나이까…"(창 15:2)

성령의 인도하심에서 떠나면 자신이 가진 소유나 능력에 집착하기 마련입니다. 믿음의 조상이라 불리는 아브라함도 한때는 자신의 신세를 한탄하며 하나님을 원망하지 않았습니까? 많은 것을 소유했다고 해서 강하며, 연륜이 많다 해서 담대한 믿음을 소유하는 것은 아닙니다. 본래 잃을 게 많을수록 두려움이 많은 법입니다.

"… 너희와 함께 올라가지 아니하리니 너희는 목이 곧은 백성인즉 내가 길에서 너희를 진멸할까 염려함이니라 하시니"(출 33:3)

전적인 하나님의 은혜로 애굽의 군대를 이기고 해방된 이스라엘은 젖과 꿀이 흐르는 가나안 땅을 향하고 있었습니다. 하지만 갑자기 하나님께서는 일방적으로 이별 통보를 전달하셨습니다. 가나안 입성을 허락하시고 그들이 대적할 원주민을 모두 쫓아내시겠다고 약속은 하셨지만 정작 이스라엘과의 동행은 거부하신 것입니다(출 33:1-3).

이스라엘 민족은 하나님이 왕이 되시고 그들은 하나님의 백성이 되겠다는 언약의 관계에서 출발합니다. 하지만 출애굽 직후 그들은 언약에 관심을 두지 않았습니다. 오로지 하나님을 이용하여 자신들이 바라는 현세적인 욕망을 성취하려는 데에 마음을 빼앗기고 말았습니다. 급기야는 하나님으로부터 완전히 돌아서서 금송아지까지 만들어 숭배하며, 애굽에서 가지고 나온 온갖 장신구로 자신들을 치장하는 데에만 열을 올렸습니다. 마침내 하나님께서는 최후통첩을 보내셨습니다(출 33:5). 하지만 하나님의 심기를 간파한 모세가 급하게 백성의 마음을 돌이킨 후에 무릎을 꿇었습니다. 그간 하나님께서 베푸신 은혜를 열거하며 하나님의 동행하심을 간구하였습니다. 이에 굳게 닫혔던 하나님의 마음도 서서히 열리기 시작했습니다.

하나님의 인도하심을 올무라 여기는 자들이 적지 않습니다. 우리를 빈손으로 만드셔서 하나님만을 의지하도록 하시는 복음의 섭리를 의심하는 자들 말입니다. 연약하면 연약할수록 완전하신 창조주 하나님을 더욱더 의지할 수 있으니, 하나님의 섭리는 우리에게 조금도 부족함이 없는 완전한 길입니다. 그래서 사도바울은 자신의 연약함을 도리어 자랑하였습니다(고후 11:30). 하지만 하나님만을 섬기는 자들이 항상 무력할 거란 생각은 금물입니다. 그 사실은 아브라함이 가나안의 왕들을 무찌르고 롯을 구출한 사건만 찾아보아도 쉽게 확인할 수 있습니다. 이는 신자들이 완악한 세상과 어떻게 상대해야 하는지를 뒷받침하기에 충분한 증거입니다(창 14:14-16).

어떤 이들은 이러한 역사적인 사실을 시대의 용사들만이 간직할 수 있는 무용담쯤으로 치부하려 하지만, 성경의 입장은 다릅니다. 성경은 언제나 약함으로 하나님만을 의지하는 자가 완악한 세상살이에서 어떻게 승리하며 살 수 있는지를 하나님의 입장에서 강론하며 입증합니다.

대개 많은 성도는 허망한 것에 사로잡혔던 이스라엘 백성과 같이 하나님의 언약을 배제한 채 성공을 추구하곤 합니다. 저마다의 능력을 갈고닦아 세상사에 맞서는 것입니다. 하지만 사탄이 지배하는 세상을 어찌 인간의 힘으로만 싸워 이길 수 있겠습니까? 오직 하나님과의 동행만이 우리가 세상과 싸워 이길 수 있는 유일한 방도임을 명심해야 합니다(시 46:7-11).

갑옷으로 꽁꽁 싸매고 창에 칼까지 들었던 골리앗을 보십시오. 사람의 눈에는 철옹성같이 강한 것처럼 보였으나 변변찮은 어린아이가 던진 물맷돌 하나에 힘없이 꺼꾸러졌습니다.

"이 후에 여호와의 말씀이 환상 중에 아브람에게 임하여 이르시되 아브람아 두려워하지 말라 나는 네 방패요 너의 지극히 큰 상급이니라"(창 15:1)

하나님께서는 허망한 기대에 사로잡힌 아브라함을 다그치기보다 오히려 위로해주셨습니다. 하나님 자신이 아브라함의 진정한 능력이 되심을 일깨워주시며 주저앉은 그의 영혼에 생기를 불어넣어 주셨습니다.

신실치 못한 우리의 완악한 성품은 신앙생활에도 적잖은 영향을 주는 듯합니다. 한때는 성령으로 충만하다가도 잠시 고삐를 늦추는 순간, 사탄에게 미혹되어 땅의 것으로 근심하게 되는 것입니다. 하지만 그러한 우매함을 초월하도록 우리를 도우시는 분이 아버지 하나님이십니다. 하나님께서 우리의 아버지가 되시기로 작정하셨기에 그분은 오늘도 변함없이 우리를 사랑하시며 위로하십니다(롬 8:15).

내가 너의 힘이요. 네 방패요.
너의 지극히 큰 상급이란다.

33 어린아이로의 회귀

부모가 되어본 사람이라면 누구나 공감하는 일이지만 어린아이를 키우는 것은 상당한 인내를 요구하는 노동입니다. 특히 울음으로 자신의 필요를 알리는 갓난아이의 요구를 충족시켜주는 일이란 육아 베테랑이라 할지라도 힘겨울 때가 많습니다. 배고파서 울고, 잠투정하며 울고, 심지어는 용변을 보고도 우는 아이를 분별하며 대처하다 보면 어느새 지치게 되고 힘겨운 하루를 보내는 일이 다반사입니다. 그래서일까요? 갓난아이는 잘 때 가장 예쁘다는 말에 백번 공감합니다.

갓난아이를 키우는 부모들이 공통으로 가장 고대하는 게 하나 있습니다. 하루빨리 성장해서 의사 표현도 할 수 있고 스스로 자기 할 일을 해낼 수 있게 되는 날이 오기를 바라는 것입니다. 물론 청년이 되고 성인이 된다고 문제가 완전하게 해결되는 것은 아니지만, 적어도 의사소통을 할 수 있을 정도로 자라면 조금이라도 손이 덜 갈 수 있을 것으로 생각하는 게 일반적입니다.

그런데 돌이켜보면 말을 하기 시작하는 그때가 오히려 더 요란했던 것이 기억납니다. 바짓자락을 붙잡고 엄마 아빠를 입에 달고 졸졸 따라다닙니다. 스스로 할 수 있는 게 없는 아이는 무조건 엄마 아빠부터 찾고 볼 수밖에 없는 것입니다.

간혹 갓난아이의 성장 과정이 안쓰럽다거나 스트레스로 받아들여지는 부모도 있겠으나 하나님께서는 오히려 어린아이와 같은 모습을 더 기뻐하신다는 걸 기억해야 합니다. 어떤 사람에게는 이 말이 낯설게 들릴지도 모르겠습니다. 사소한 일에도 무조건 하나님을 찾고, 무슨 일만 생기면 하나님을 찾아 도움을 청한다면 그 많은 사람의 요구를 들으시고 응답하시는 하나님은 얼마나 바쁘시겠으며, 얼마나 힘드시겠는가? 오히려 어린아이와 같이 투정 부리거나 떼쓰는 듯한 모습보다 오랜 인생을 살면서 터득한 방법이나 지혜로 스스로 문제를 해결하는 게 더 낫지 않겠느냐 반문할지도 모릅니다. 그리고 그러한 삶의 방식이 바로 성숙이라 들이댈지도 모릅니다. 그러나 실상은 그와 정반대입니다. 성숙을 외치며 하나님으로부터 독립을 주장하는 것은 오히려 영적 불구가 되어 하나님과 멀어지는 태도일 뿐입니다.

사람을 제외한 동물 대부분은 태어난 지 얼마 지나지 않아 본능적으로 스스로 걷고 먹는 법을 깨우칩니다. 하지만 사람은 일반 동물과 그 본질이 다릅니다. 만물의 영장이라는 수식어가 무색할 정도로 오랜 기간 부모의 양육과 돌봄이 절대적으로 요구됩니다. 어쩌면 부모의 도움 없이는 생존 자체가 불가능하다고 말하는 게 더 나을지 모릅니다. 이유는 하나님께서 사람을 그렇게 약한 존재로 창조하셨기 때문입니다. 물론 그런 하나님의 의도는 완전하기만 합니다. 생존을 위한 그들의 의지가 하나님을 향한 신앙으로 옮겨가길 바라시는 것입니다.

"… 돌이켜 어린 아이들과 같이 되지 아니하면 결단코 천국에 들어가지 못하리라"(마 18:3)

어쩌면 어린아이들이 어른보다 훨씬 현명한 건지 모릅니다. 자신의 의지와 실력을 믿고 의지하므로 하나님과 점점 멀어져 '척'만 하는 어른들보다 자신의 연약함을 스스로 인지하며 철저히 부모님만을 믿고 따르는 어린아이들이야말로 얼마나 현명한 모습인지 굳이 거론하지 않아도 충분할 것입니다.

이런 면에서 우리는 어린아이에게서 배워야 하는 게 하나 있습니다. 어른으로서의 자만심을 내려놓고 언제 어디서나 무슨 일을 만나든지 하나님을 찾고 의지하는 어린아이와 같은 심령으로 회귀하는 것입니다.

하나님께서 어린아이와 같은 자들을 용납하시고 들으시는 이유는 단순히 동정심 때문은 아닙니다. 그들의 연약함이 도리어 하나님의 영광을 더 효과적으로 드러내기 때문입니다. 세상은 주님만을 바라보는 그들을 통해 간접적으로 하나님의 능력과 살아계심을 맛보게 될 테니 말입니다.

34 사울과 다윗의 대척점

"사울이 대답하여 이르되 나는 이스라엘 지파의 가장 작은 지파 베냐민 사람이 아니니이까 또 나의 가족은 베냐민 지파 모든 가족 중에 가장 미약하지 아니하니이까…"(삼상 9:21)

이스라엘의 초대왕이었던 사울을 떠올려 묵상하노라면 하나님께서 어떤 사람을 선택하셔서 사용하시는지 대략 짐작할 수 있습니다. 하나님의 선택기준은 세상의 기준과는 다릅니다. 하나님은 오히려 연약하고 부족한 자를 선택하시어 자신의 도구로 사용하시는 겁니다. 그것이 바로 기독교의 역설입니다. 그래서 하나님께 쓰임 받기를 갈망하는 자라면 누구나 약한 자신을 자랑해야 합니다. 약해져야만 하나님을 의지하게 되고 그의 능력을 덧입을 기회가 마련되기 때문입니다. 그런데 사울은 이러한 성경적 원리를 깨우치지 못했습니다. 자신과 같은 보잘것없는 가문의 사람은 하나님의 선택을 받지 못할 거라고 확신하고 있었습니다.

은혜를 깨우치지 못한 사람들은 지금도 칼을 갈고 있습니다. 물질과 지식을 비롯한 세상이 요구하는 스펙이라는 무기를 말입니다. 그들은 능력으로 서로를 짓누르기 위해 처절한 싸움에 내몰려 있습니다. 그러한 어리석은 삶의 방식은 지나친 자녀집착을 통해서 더욱 뚜렷하게 드러나게 됩니다. 조금이라도 뒤처지면 부정한 돈을 들여서라도 자식들을 가르쳐서 남보다 나은 구석을 발견하려는 모습입니다. 하지만 신앙적인 면은 오히려 퇴보하고 말았습니다. 남보다 더 많은 지식을 가졌다고 하나님께 감사하는 것도 아닙니다. 경쟁심에 희열을 느끼며 가난한 이들과 부족한 이들을 얼마나 얕보겠습니까? 서로의 지능을 비교하면서 마치 대단한 능력을 은사로 받은 것처럼 오만한 모습에 사로잡히지 않았습니까? 그런 이유로 하나님은 낮고 천한 이를 택하십니다. 전능하신 하나님 앞에서 우리는 그저 먼지에 불과하다는 것을 깨우치기 위하여 하나님은 인간의 빈손을 기뻐하시고 그것을 즐겨 사용하십니다.

저는 어려서부터 선입견 하나를 가지고 살았습니다. 어려서부터 교만함으로 점철되어있던 저는 학교에서 문제아로 통했습니다. 교우들과 원만한 관계를 유지하기보다 눈에 거슬리는 녀석들과 시비가 붙거나 실랑이를 하기 일쑤였습니다(그때의 모습을 떠올리면 쥐구멍에라도 숨고 싶은 심정입니다). 아마 그때부터였을 겁니다. 오히려 덩치 큰 놈들이 겁이 더 많다는 생각이 들었습니다. 어쩌면 그건 저의 선입견이 아닐지도 모릅니다. 성경 속에도 신장이 장대한 자들이 쉽게 두려움에 빠지는 모습을 여러 곳에서 찾아볼 수 있기 때문입니다.

다윗 앞에 섰던 골리앗은 두려움에 사로잡혀 있었습니다. 고함을 치며 담대한 척했지만, 무엇이 두려웠던지 그는 갑옷으로 온몸을 꽁꽁 싸매고 있었습니다. 투구도 쓰고 갑옷에 그 두텁고 무거운 각반까지 차고 창과 칼도 들었습니다.

남들보다 머리가 하나 더 있을 정도로 장대했던 사울은 또 어땠습니까? 그도 전신무장을 했습니다(삼상 17:38). 하지만 그는 두려움에 사로잡혀 전장에 나가지 못하였습니다. 겁 없이 하나님을 모욕하는 이방인에게 찍소리도 내지 못했던 것입니다. 하지만 소년 다윗에게는 그들에 비해 넘치는 기백이 느껴집니다. 그의 손에는 칼이나 창이 없었지만, 그는 오히려 담대하였습니다. 고작 손에든 물맷돌이 전부였습니다. 누가 보더라도 어수룩하고 볼품이 없었지만 다윗은 하나님을 위해서 싸우길 원했습니다 그런데 그때, 사울이 그러한 분위기에서 초를 칩니다.

> "… 주의 종이 가서 저 블레셋 사람과 싸우리이다 하니 사울이 다윗에게 이르되 네가 가서 저 블레셋 사람과 싸울 수 없으리니…"(삼상 17:32-33)

사울은 여전히 하나님의 능력을 인정하지 않았습니다. 막강한 군사력으로 무장한 블레셋과 대항하려면 자신들에게도 힘과 능력이 있어야 한다고 믿었던 것입니다. 그래서 사울은 다윗에게 갑옷과 칼을 들게 하였습니다. 사람의 능력이어야만 승리할 수 있다고 믿은 어리석은 처사였습니다. 하지만 어릴 적부터 하나님을 의지하며 양 떼를 지켰던 다윗에게는 오히려 그것이 거추장스러울 뿐이었습니다.

누구도 선제공격하는 사람이 없었던 상황이었습니다. 이유야 뻔했습니다. 공격을 하면 공격당할 것이 분명해 보였기 때문입니다. 그래서 몸을 사렸던 것입니다. 그런 상황에서 키도 작고 연소했던 소년 다윗이 선제공격을 감행합니다. 그러한 다윗의 행동은 오직 하나님만이 그의 가치가 되었음을 증거합니다. 물론 하나님은 그의 믿음에 즉각 응답하셨습니다. 다윗의 물맷돌이 골리앗의 얼굴에 있는 빈틈 한구석을 파고들어 그를 쓰러뜨린 것입니다.

이스라엘 백성들은 골리앗을 무찌른 다윗을 이렇게 칭송했습니다.

"여인들이 뛰놀며 노래하여 이르되 사울이 죽인 자는 천천이요 다윗은 만만이로다 한지라"(삼상 18:7)

전쟁에서 승리한 장수에게 후한 상을 내리며 칭찬해야 할 사울 왕은 도리어 그때부터 다윗을 시기하고 미워하기 시작했습니다. 그런데 여기 등장하는 사울과 그의 백성에게서 우리는 공통점 하나를 찾을 수 있습니다. 그것은 모두 다윗의 위대한 능력에 도취되어 다윗 배후에 역사하신 하나님을 망각하고 있다는 것입니다.

골리앗을 물리친 게 과연 다윗이었을까요?
골리앗은 하나님께서 물리치셨습니다.

35 오직 성령이 너희에게 임하시면

"이 말씀을 하시고 그들을 향하사 숨을 내쉬며 이르시되 성령을 받으라 너희가 누구의 죄든지 사하면 사하여질 것이요 누구의 죄든지 그대로 두면 그대로 있으리라 하시니라"(요 20:22-23)

성령을 받은 성도는 사탄에게 더욱 큰 표적이 됩니다. 성도가 성령세례를 경험한 후부터 하나님의 인도하심을 받아 많은 자를 주께로 인도하기 때문입니다. 그때부터 사탄은 성령을 훼방하기 위해 '은사주의'를 통해 성도를 미혹합니다. 그래서 성령을 오해하는 일이 종종 일어나게 됩니다. 성령을 은사의 수단으로만 치부하게 하여 하나님의 영광에서 멀어지게 만드는 것입니다. 하지만 성경은 다른 말을 합니다. 성령을 진리(성경)의 영으로 소개하고 있습니다(요 16:13). 즉 성령을 받게 되면 더욱 성경연구에 정진하여, 낮고 겸손한 심령으로 하나님께만 영광 돌리게 되는 것입니다. 따라서 신앙생활에 있어서 성령세례를 체험하는 것보다 성령의 충만을 유지하는 것이 관건이라 할 수 있습니다.

"사울이 이 말을 들을 때에 하나님의 영에게 크게 감동되매 그의 노가 크게 일어나"(삼상 11:6)

성경에 기록된 바와 같이 이스라엘의 초대 왕이었던 사울에게 성령이 크게 임하였습니다. 그는 성령을 받았지만, 그뿐이었습니다. 더 이상 영적으로 성장하지 못하였습니다. 요란하게 성령을 체험하였지만, 성령을 유지하는 것에는 실패하고 말았습니다. 결국, 사울은 성령을 받고도 변질되고 말았습니다. 하나님의 영광이 아닌 제 영광에 더욱 집착했던 것입니다.

"… 백성이 사울에게서 흩어지는지라 사울이 이르되 번제와 화목제물을 이리로 가져오라 하여 번제를 드렸더니"(삼상 13:8-9)

이익만을 따지는 사람에게 하나님의 명령은 늘 불편한 법입니다. 자신의 처지를 초월하지 못하니 하나님의 말씀에 동의할 수 없는 것입니다. 사울에게 하나님의 음성이 그렇게 느껴졌습니다.

사울은 블레셋과의 전쟁을 앞두고 사무엘을 기다려야만 했습니다. 그것이 번제를 바라셨던 하나님의 명령이었습니다. 하지만 그는 사무엘을 기다리지 않았습니다. 그의 고백처럼 백성들이 자기에게서 떠나는 모습을 보고 하나님이 세우신 질서를 깨뜨리게 되었던 것입니다. 만약 사울이 사무엘을 기다리다가 전사했다면 어땠을까요? 더욱 큰 은혜가 되었을 게 분명합니다. 사울이 하나님의 뜻을 따르다가 스데반처럼 순교한 것이니, 많은 성도에게 큰 도전이 되었을 것입니다. 그런데 사울은 하나님의 명령에 귀 기울이지 않았습니다. 그는 하나님의 뜻과 영광보다는 자신의 영광이 백성들에게 드러나길 바랐던 것입니다.

"… 아말렉을 쳐서 그들의 모든 소유를 남기지 말고 진멸하되…"(삼상 15:3)

사울을 향한 하나님의 사랑은 쉽게 식지 않았습니다. 하나님께서 이전 실수를 만회할 수 있는 기회를 허락하셨기 때문입니다. 하지만 이번에도 사울은 하나님의 뜻을 거절하였습니다. 하나님이 아닌 백성들을 위해 아말렉의 양과 소를 남겼던 것입니다. 하지만 성경을 묵상하면 사울의 속내를 간파할 수 있습니다. 자신의 그릇된 행위를 백성들의 탓으로 돌렸지만, 사울은 백성들의 안위에는 관심이 없었습니다(삼상 15:21). 오직 자신의 능력이 드러나길 바라며 아말렉의 전리품을 가져온 것입니다. 결국, 사울에게서 성령은 떠나버렸습니다. 그리고 그때부터 악령이 그를 지배하기 시작했습니다(삼상 16:14).

저를 비롯해 모든 성도는 성령을 처음 경험했던 때를 잊지 못할 것입니다. 저는 어머니의 기도와 서원에 힘입어 조금 늦게나마 신학도가 되었습니다. 게다가 그 시절 누구보다도 신앙이 어리고 미숙하여 늘 위축되어 있었습니다. 어쩌면 교우들의 영성에 열등감을 느꼈는지도 모릅니다. 그들 대부분이 방언과 은사에 능했기 때문입니다(그 시절 은사주의가 크게 유행처럼 번질 때였습니다). 남들이 방언으로 기도하면 부러움에 못 이겨 거짓 방언을 떠들어대기도 했습니다. 마치 흉내라도 내야 속이 편했습니다. 하지만 이내 그러한 위선적인 제 모습에 신물이 났습니다. 그래서 당돌하게도 하나님과 결판을 내기로 작정하였습니다. 하나님께 매달려 남들이 다 하는 방언과 신유의 은사를 받고 싶었습니다. 그러던 끝에 자취방 근처에 있는 작은 교회에서 성령세례를 받게 되었습니다.

식음을 전폐하며 오랜 시간 성경을 묵상했습니다. 다행히 성령께서 통회하는 마음을 선물로 주셨습니다. 은혜가 아니면 도무지 설명할 수 없는 묘한 감정에 사로잡혔습니다. 눈물이 마구 쏟아졌고 아주 작은 티

끌 같은 잘못에도 회개가 터져 나왔습니다. 성령의 강한 인도하심을 경험하게 된 것이었습니다. 다메섹 길 위에서 사도바울이 그리스도를 뵈옵고 얼마나 눈물을 흘렸을지 공감이 됐습니다. 그런데 성령을 받은 뒤, 저는 제가 바라던 몸의 변화에 실망하고 말았습니다. 솔직히 성령이 임하면 무당들처럼 성도들의 얼굴만 봐도 점괘가 나오는 것으로 착각했던 것입니다. 성령이 임하면 놀라운 권능을 받게 된다는 어리석은 믿음에 서였습니다. 병든 이를 낫게 하거나 맹인을 눈뜨게 하는 마술과 같은 믿음 말입니다. 하지만 실망감은 그리 오래가지 않았습니다. 제게 큰 깨우침과 깨달음이 일어났던 것입니다. 성령의 임하심을 비로소 체험하게 된 사건이었습니다.

어느 날이었습니다. 방언으로 기도하면서 자취방으로 향하던 길이었습니다. 근처에 이르자 버스 정류장에 쓰러져 있는 표지판이 제 눈에 들어왔습니다(그때 시골 버스 정류장이 그랬듯 시멘트로 굳혀 세워놓은 허접한 노란색 표지판이 전부였습니다). 저는 끙끙거리며 쓰러져있던 표지판을 세우고 있었습니다. 그런데 그때, 깊은 고민에 빠지게 되었습니다.

"나는 왜 이런 짓을 하고 있는 것일까?"

그날 저는 성령의 역사를 똑똑히 목도하였습니다. 저는 그곳에서 버스를 탄 적도 없고 탈 일도 없는 사람입니다. 쓰러진 버스 표지판과 저는 전혀 상관이 없다는 것입니다. 하지만 버스 표지판을 물끄러미 바라보는 사이, 성령의 인도함을 받게 된 것입니다. 이처럼 성령은 신비한 능력을 토대로 일하기보다 이웃을 참으로 사랑하게 만드는 능력이었습니다.

신약성경에도 사울이라고 하는 똑같은 이름의 사람이 등장합니다. 예수의 추종자들을 이단종파로 정죄하며, 굶주린 사자처럼 맹렬하게 핍박했던 회심 전 사도바울의 이름입니다. 하지만 그랬던 그가 다메섹 도상에서 예수를 만나게 됩니다. 그렇게 완악했던 그에게 예수님께서는 자신의 현현을 나타내셨고 아나니아를 통해 성령세례까지 허락하셨습니다. 그러한 영적 체험 후 그는 큰 변화를 겪게 됩니다. '큰 자'라는 의미를 가진 자신의 이름을 내어버리고 지극히 '작은 자' 바울이 되기로 결단하게 되었던 것입니다. 그리스도를 만난 성도의 변화가 바로 그와 같을 것입니다. 오직 하나님의 영광만을 바라며 지극히 작은 자의 모습으로 자신을 낮추며 이웃을 내 몸과 같이 사랑하는 것입니다.

오래된 버스 표지판을 바라보며 한숨이 나왔습니다. 사울 왕과 같이 성령을 오해하며 내 능력과 영광만을 꾀했던 외식적인 제 모습이 부끄러웠습니다.

36 누구를 위한 기념비인가?

"… 어떤 사람이 사무엘에게 말하여 이르되 사울이 갈멜에 이르러 자기를 위하여 기념비를 세우고 발길을 돌려 길갈로 내려갔다 하는지라"
(삼상 15:12)

사울의 일생을 묵상하노라면 사탄의 교활한 술수가 곳곳에서 간섭하고 있다는 것을 발견하게 됩니다. 사탄은 성령 받은 성도를 인본주의로 단단히 묶어 자기 의에 취하게 만듭니다. 얼마나 많은 성도가 이러한 사탄의 계략에 사로잡혀 사는지 모릅니다. 그들 대부분은 하나님의 뜻과 영광을 아랑곳하지 않습니다. 오로지 신앙을 이용해서 의인이 되거나 사회적인 지위가 높아지길 기대할 뿐입니다. 사울이 자신을 위해 기념비를 세우던 일을 잊지 말아야 합니다. 그것은 결코 하나님의 영광과 상관없는 일이었습니다.

보잘것없는 인간이 실체도 없는 사람의 의와 능력으로 자신을 덧칠한다고 해서 추악한 원죄가 사라지는 게 아닙니다. 반복하며 강조하지만, 인간의 원죄는 오직 예수님의 보혈로만 가릴 수 있는 것입니다. 그래서 모든 인간은 반드시 자기를 부정하고 하나님께만 영광을 돌려야 합니다.

하나님의 영광을 탐했던 사울의 타락 뒤에는 백성들의 그릇된 바람이 숨어있기도 합니다. 이스라엘 민족이 겪은 사사시대는 하나님을 왕으로 섬겼던 시기였습니다. 하나님께서는 사사들을 통해 자기 뜻을 전달하셨고 백성들은 사사들의 가르침대로 순종하였습니다. 그런데 주변 국들의 변화를 목격하였습니다. 저마다 왕을 세워 비약적으로 발전하는 모습에 그들의 믿음이 흔들리기 시작했습니다. 이스라엘 백성과 갈등을 빚었던 블레셋이 중앙집권체제를 구축해 강력한 군사력을 가진 것이 발단이 되었습니다. 그래서 이스라엘 백성들도 왕을 요구하고 나섰습니다. 자신들의 안전과 평안을 위해 헌신할 수 있는 지도자, 힘과 지혜를 겸비한 장수를 원했던 것입니다.

그러한 요구를 들은 하나님의 마음이 어떠셨을까요? 그것은 반역이나 다름없었습니다. 하나님께서 사람을 왕으로 세우지 않았던 분명한 이유가 있었을 것입니다. 왕이신 하나님 외에 다른 왕을 두지 않으신 이유 말입니다. 눈에 보이지 않았지만, 이스라엘의 왕은 분명 하나님이십니다(삼상 8:7). 하지만 그분의 영광만을 바라며 사사들의 말씀에 통치를 받는 것이 이스라엘 백성들에게는 무능력하고 무지하게만 느껴졌습니다. 그래서 그들은 자신들을 위해 싸우는 사울에게 열광하기 시작했던 것입니다. 그가 왕이 되어 암몬에게 승리를 거두었을 때는 사울의 지지가 최고조에 달했습니다. 하지만 그것도 잠시였습니다. 그들은 다윗의 등장으로 사울에게서 돌아서고 말았습니다. 결국, 사울은 그렇게 백성의 관심에서 멀어지고 말았습니다. 심지어 악령에 사로잡혀 다윗을 시기하는 것이 일상이 되어버렸습니다.

성경이 말하고 있는 사울의 어리석음은 무엇입니까? 자기 영광에 취해있었다는 것이었습니다. 하지만 그럴수록 그의 왕위는 흔들렸습니다. 자기의 영광에 혈안이 되어서 백성들에게 인정을 구걸했지만, 하나님께는 미움을 사고 말았습니다.

　사울이 왕위를 유지하는 것과 이스라엘 백성이 태평성대를 유지하는 방법은 어쩌면 같은 맥락이었을 것입니다. 그것은 바로, 하나님의 영광을 위하는 것입니다. 자신들의 안위보다 하나님의 권세와 영광을 먼저 생각할 때에 비로소 하나님의 권능으로 이스라엘의 안전과 평안을 실현할 수 있었습니다.

　"또 그 모든 백성에게 할례 행하기를 마치매 백성이 진중 각 처소에 머물며 낫기를 기다릴 때에"(수 5:8)

　중학교 겨울 방학 때 포경수술을 받고 몇 주간을 고생했던 기억이 생생합니다. 이유도 모른 채 엄마를 따라 병원에 갔다가 간호사와 함께 수술실로 끌려 들어갔습니다. 어린 나이에 그 상황이 어찌 그리 무섭고 억울하던지 한동안이나 엄마를 미워했었습니다.

　한편 엄마는 어디서 들으셨는지 통증을 줄여주겠다며 환부에 종이컵을 씌워 주셨습니다. 그러나 마음에서부터 온 통증은 그리 쉽게 가라앉지 않았습니다. 조금만 움직여도 종이컵에 상처가 닿아 살이 찢어지는 듯한 아픔으로 반격을 가해왔습니다. 더 억울했던 것은 한동안 그렇게 좋아하는 축구를 하지 못하게 되었다는 것이었습니다. 그 좋아하는 축구를 말입니다. 그러다 참다못해 엄마 몰래 엉거주춤한 모습으로 친구들과 공을 차며 뛰어놀다가 환부가 퉁퉁 부어오른 일도 있었습니다. 아차 싶어 정신을 차리고 안정을 취할 수밖에 없었는데 자칫했으면 더 큰 불상사가 발생할 수도 있겠다는 생각이 들어 자숙할 수 있었습니다(수 5:8).

188　복음을 살다

"너희 모든 군사는 그 성을 둘러 성 주위를 매일 한 번씩 돌되 엿새 동안을 그리하라"(수 6:3)

솔직히 하나님의 명령은 논리적으로 이해되지 않을 때가 많습니다. 특히 여리고 성의 둘레 길이가 어찌 되든 하루에 한 바퀴씩 성을 돌라는 명령은 적어도, 인간으로서는 결코 좋은 전략이 아니었습니다. 차라리 하루나 이틀에 13바퀴를 다 돌게 하였다면 모릅니다. 생각해보십시오. 하루에 한 바퀴씩 성 주위를 돌면 그동안 이스라엘 백성들의 약점과 전투력이 쉬이 탄로 날 게 뻔하지 않겠습니까? 변변한 무기도 없는 데다 전쟁 직전에는 할례까지 받은 상태였습니다. 여리고 사람들의 눈에 비치는 이스라엘 백성들의 모습은 분명 전쟁을 치를 용사의 모습으로 비치지 않았을 것입니다. 할례 후 어정쩡한 걸음으로 성벽 주변을 돌고 있는 이들을 누가 전쟁을 준비하는 용사로 볼 수 있겠습니까? 심지어 완전 무장하고 전쟁에 나선다 해도 할례 직후의 이스라엘은 결코, 승리할 수 없다는 데 포경수술을 경험한 남자라면 누구나 한 표를 던질 것입니다. 요즘 의술이야 뛰어나지만, 당시에는 맨살을 잘라내는 게 할례의 전부였습니다. 마취제도 지혈제도 없었습니다. 회복을 위한 효과 좋은 약은 더더욱 없었습니다. 회복 속도는 더뎠을 것이고 통증도 더욱더 심했을 것이 분명합니다. 어쩌면 출혈이 심해 목숨을 잃는 사람들까지 속출했을지도 모릅니다. 그래서 이스라엘 백성들은 하나님의 명령이 들리기까지 처소에 누워서 낫기를 기다렸습니다(수 5:8).

여리고 성을 점령하기 원하시는 하나님의 계획은 바로 여기에서 출발합니다. 이스라엘 백성들이 가장 연약하고 무능력한 상황이지만 오직 하나님만을 의지하고 신뢰하므로 하나님의 권능이 나타나길 바라는 것입니다. 이스라엘 백성들의 뛰어난 능력으로 여리고 성을 쟁취한 게 아니라, 하나님의 능력으로 여리고 성이 무너졌음을 만방에 증거하는 것입니다.

견고했던 여리고 성은 하나님의 능력으로 무너졌습니다. 하나님께서 다윗을 통해 골리앗을 물리치신 것처럼 무능한 이스라엘 백성들의 손에는 어떠한 무기도 없었지만, 철옹성 주위를 돌라 하시는 명령에 복종했더니 하나님의 권능이 나타나 승리를 거머쥘 수 있었습니다.

37. 친구 따라 강남 간다? 친구 따라 천국도 간다!

"사무엘이 사울에게 이른즉 사울이 그에게 이르되 원하건대 당신은 여호와께 복을 받으소서 내가 여호와의 명령을 행하였나이다 하니"(삼상 15:13)

사울을 향한 하나님의 사랑은 그의 주변 사람들을 통해서 증명됩니다. 그가 스스로 하나님의 뜻을 깨우치지 못하니 하나님께서 주위 사람들을 통해서 기회를 주시는 것입니다. 하지만 사울은 하나님의 음성을 전달하는 자들을 무시하기 일쑤였습니다.

그렇다고 하나님의 뜻을 깨우칠 기회가 전혀 없었던 것은 아닙니다. 그의 곁에는 최고의 멘토였던 사무엘이 있었기 때문입니다. 하지만 사울은 그와의 관계를 받아들이거나 소중하게 여기지 않았습니다. 그 결과 사울은 사무엘과 자연히 멀어져 관계가 단절돼 버렸습니다. 그것은 하나님과의 관계까지 영향을 미치는 일이었습니다. 하나님의 말씀을 전하며 선포하는 사무엘과의 단절은 하나님과의 단절을 의미하는 것이기도 했습니다.

사울은 사무엘을 기만하기까지 했습니다. 사무엘의 영성을 신뢰하지 못한 것입니다. 결국, 사울은 자신이 아말렉의 모든 생명을 진멸했다며 뻔뻔하게 거짓말을 했습니다. 사무엘을 통해 말씀하시고 역사하시는 하나님에 대해 강한 의구심을 가지기에 이른 것입니다. 어쩌면 하나님의 실존조차도 심각하게 의심했었을지도 모르겠습니다. 단 한 번도 하나님의 은혜를 경험한 적이 없었으니 의심하는 게 당연했을지도 모를 일입니다.

> "하나님께서 부리시는 악령이 사울에게 이를 때에 다윗이 수금을 들고 와서 손으로 탄즉 사울이 상쾌하여 낫고 악령이 그에게서 떠나더라"(삼상 16:23)

사울에게 있어서 다윗은 자신을 치료하는 의사와도 같았습니다. 다윗이 수금을 타면서 하나님을 찬양하면 악령이 떠나고 마음이 상쾌하여 나았기 때문입니다. 다시 말해 사울은 다윗에게 붙어있으면 아무런 문제가 없었습니다. 하지만 사울은 다윗과의 관계도 거절하였습니다. 영적인 멘토가 될 수 있었던 사무엘을 멀리했던 것처럼 자신을 치료하는 다윗 역시 죽일 궁리만 했던 것입니다.

사울을 사로잡고 있던 악령은 그가 하나님의 메시지를 듣는 것을 거부하게 했습니다. 하나님을 찬양하는 다윗의 수금 소리도 하나님의 계획을 대언하는 사무엘의 조언도 듣지 못하게 사로잡으니 말입니다. 결국, 하나님의 말씀을 거부한 사울은 비극적인 최후를 맞이하게 되고 말았습니다.

> "성령을 믿사오며 거룩한 공회와
> 성도가 서로 교통하는 것과"
>
> <사도신경>

사도신경에도 기록되었듯이 성도의 친밀한 교제는 교회의 권속들에게 무엇과도 바꿀 수 없는 축복입니다. 성도의 친밀한 교제 안에는 말씀으로 서로를 깨우치고 근신시키기에 충분한 유익을 지니고 있기 때문입니다. 그러나 성도의 친밀한 교제가 유익하다는 데 동의가 되더라도 그와 같은 관계가 생각처럼 쉬운 일은 아닙니다. 누군가에게 따가운 조언을 들으면 쉽게 불만이 생기고, 작은 약점만 드러나도 거리를 두면서 속내를 감추려 하기 일쑤이지 않습니까? 그리고 사울이 귀신 들려 정신없이 떠들던 것처럼 쉴 새 없이 불평 거리를 찾으며 자신을 향한 문제에는 귀를 닫아버리게 됩니다(삼상 18:10). 하나님의 섭리를 이해하지 못하니 주위 성도들을 통해서 말씀하시는 하나님의 말씀을 거부하고 마는 것입니다.

"사무엘이 죽는 날까지 사울을 다시 가서 보지 아니하였으니 … 여호와께서는 사울을 이스라엘 왕으로 삼으신 것을 후회하셨더라"(삼상 15:35)

공부를 등한시하던 어린 시절, 부모님께서 공부 좀 하라시며 과외선생님을 붙여주셨던 일이 있습니다. 그런데 신기하게도 과외선생님은 하나 같이 신학교 출신이었습니다. 아마도 어머니께서 일부러 신앙이 좋은 선생님들을 제게 붙이신 것 같습니다. 일주일에 세 번의 개인 시도를 받았는데 솔직히 공부에는 큰 관심이 없었습니다. 그래서 선생님을 꾀어 밖으로 놀러 나갈 때도 많았습니다. 축구도 하고 떡볶이도 먹으러 가고 심지어는 목욕탕까지 다닌 기억이 선합니다. 그런데 그때 선생님들께서는 하나같이 제게 하나님에 관한 이야기를 들려주셨습니다. 선생님들의 삶 속에서 경험했던 하나님 이야기를 들려주신 것입니다. 대개는 어려운 형편에서 신학교를 다니며 과외를 하셨던 분들인데(그중에는 고아로 자란 분도 계셨습니다), 하나님께서 어떻게 함께 하시고 역사하셨는지를 들려주시곤 하셨습니다. 그들의 간증은 아직도 오래도록 제 마음을 사로잡고 있습니다. 때로는 선생님께 호되게 야단을 맞은 적도 있습니다. 버릇없이 대하는 태도를 바르게 하시려 엄하게 하신 것입니다. 감사하게도 선생님들의 조언이나 간증 듣는 게 어려운 수학 문제를 푸는 것보다 훨씬 큰 유익을 주었습니다. 지금 돌아보면 그러한 태도와 반응을 하나님께서 기뻐하시지 않으셨을까 하는 생각이 듭니다. 그분들을 보면서 자연스레 목회의 소망을 품게 되었으니까 말입니다.

하나님께서 우리에게 자기부정을 바라시는 이유를 알아야 합니다. 스스로에게는 일말의 희망도 없다는 것을 깨달아야 비로소 하나님의 음성을 경청하게 되기 때문입니다. 자기부정에 이른 자들은 타인의 가르침을 받아 자신의 고집스러운 생각을 내려놓는 게 부끄럽지 않게 됩니다. 아니, 가르침을 듣는 것이 오히려 더 큰 기쁨이 되고 감사가 됩니다. 누군가를 통해 내게 말씀하시는 하나님의 음성을 들을 수 있는 열린 마음이 생기고 친밀한 성도의 교제를 흠모하는 사람이 되는 것입니다.

지금 주위를 한 번 둘러보십시오.

사무엘과 같은 하나님의 사람이 보일 것입니다.

그런 성도들과 함께 친밀하게 교제를 시작하십시오.

그런 이들과 삶을 나누고 경청하는 것을 두려워하지 마십시오.

그들과 함께 하나님 나라에 이르게 될 것을 기대하십시오.

38 내가 주를 보나이다

　　목회자는 영적 세계의 실존을 경험하여 간증하는 자들입니다. 물론 개인적인 체험이 일반화될 수 있는 것은 아니지만 개인의 신앙 성장에는 분명 유익이 있다고 믿습니다. 그러므로 목회자가 살아계신 하나님의 음성을 듣는 것은 너무나도 자연스러운 일입니다. 하지만 오늘날 많은 목회자가 하나님의 음성에 귀 기울이는 것을 신비적인 일이라 판단하여 거부하는 듯합니다.

　　사실 목회자가 하나님의 육성이나 실존을 경험하는 것이 하나의 간증거리로 마무리되는 것은 아닙니다. 하나님께서 목회자에게 신비한 체험을 주신 이유는 목회자로 하여금 삶에서 자신을 향한 경외심을 갖게 하기 위함입니다.

　　죄는 대부분 타인의 시선에서 멀어진 은밀한 곳에서 범해지기 마련입니다. 그러나 변치 않는 사실은 하나님의 불꽃같은 시선이 늘 성도를 향하고 있다는 것입니다. 하지만 어리석은 성도는 그 사실을 깨닫지 못한 채 살아갑니다. 반대로, 하나님의 실존을 경험한 성도들은 그 경험을 토대로 하나님을 향한 경외심을 함양하여 항상 실존하시는 하나님을 의식하기 위해 노력합니다. 그래서 다윗은 자신이 느끼는 하나님의 시선을 이렇게 고백했습니다. "내가 하늘에 올라갈지라도 거기 계시며 스올에 내 자리를 펼지라도 거기 계시니이다"(시 139:8).

사울과 다윗의 결정적인 차이는 영적 체험의 유무라 할 수 있습니다. 사울은 특별한 과정 없이 왕위에 올랐습니다. 반면 다윗은 기름 부음을 받은 후에도 이곳저곳을 유랑하며 고생하는 모습을 여러 곳에서 찾아볼 수 있습니다. 물론 그러한 시간은 다윗의 삶과 신앙에 큰 유익이 되었을 것입니다. 살아계신 하나님의 실존과 그분의 성품을 온몸으로 느끼며 그는 이스라엘의 왕으로 점차 다듬어졌습니다.

"… 당신의 하나님 여호와께 제사하려고 양과 소를 끌어 왔나이다 하는지라"(삼상 15:21)

하지만 안타깝게도 사울의 삶에는 그러한 삶의 체험이 전혀 보이지 않습니다. 하나님과의 개인적인 추억이 없으니 그분을 사무엘의 하나님으로만 치부했던 것입니다. 그리고 다윗과 같이 하나님의 시선을 느끼지 못하게 되니 자연스럽게 보이는 사람을 의식하는 자가 되었습니다.

영적 체험이 주는 유익이 무엇인지를 묵상해야 합니다. 삶에서 하나님의 실존을 경험할 때에 비로소 하나님을 의식하게 되고 그러한 의식들이 외식적인 신앙을 벗어날 계기를 제공하는 것입니다.

"마침 한 제사장이 그 길로 내려가다가 그를 보고 피하여 지나가고 또 이와 같이 한 레위인도 그 곳에 이르러 그를 보고 피하여 지나가되 어떤 사마리아 사람은 여행하는 중 거기 이르러 그를 보고 불쌍히 여겨"(눅 10:31-33)

예수님의 공생애 당시 바리새인들은 겉치레에 신경을 쓰는 자들이었습니다. 이러한 외식은 올무가 되어 그들의 그릇된 시각을 그대로 드러내고 있습니다. 바리새인들은 하나님보다 눈에 보이는 사람을 의식했던 부류들이었던 것입니다. 그런 그들이 강도를 만나 거반 죽게 된 이웃을 만났습니다. 그런데 그들은 모두 곤경에 빠진 이웃을 모른 체 지나가 버렸습니다. 하지만 한 사마리아 사람은 그러한 이웃을 불쌍히 여겨 그를 치료하고 데려와 돌보았습니다. 그리고 자신의 돈을 털어 간병을 부탁했습니다.

성경은 우리에게 이들의 서로 다른 시각을 보여줍니다. 곤경에 처한 이웃을 발견한 제사장과 레위인은 주위에 자신을 지켜보는 자가 없음을 인지하고 선행의 기회를 박차버렸지만, 사마리아 사람은 누가 있든지 없든지 간에 하나님의 시선을 의식하여 어려운 상황에 처한 사람에게 선한 이웃이 되어주었던 것입니다. 저는 그들의 서로 다른 시각과 행동의 이유를 엘리 제사장에게서 찾았습니다.

> "… 엘리는 그가 취한 줄로 생각한지라 엘리가 그에게 이르되 네가 언제까지 취하여 있겠느냐 포도주를 끊으라 하니"(삼상 1:13-14)

엘리는 제사장임에도 불구하고 영적 분별력이 없었던 사람이었습니다. 그는 성령에 충만함으로 하나님께 기도하던 한나를 술 취한 것으로 판단했습니다. 그가 그런 실수를 저지른 이유는 그가 한번도 성령을 체험하여 심령을 통회해본 적이 없기 때문이었습니다.

"여호와께서 다시 사무엘을 부르시는지라 사무엘이 일어나 엘리에게로 가서 이르되 당신이 나를 부르셨기로 내가 여기 있나이다 하니 … 내가 부르지 아니하였으니 다시 누우라 하니라"(삼상 3:6)

그뿐입니까? 그는 성전에서 세 번이나 들려지는 음성이 누구의 음성인지 알아채지 못했습니다. 그가 제사장임에도 하나님의 음성을 분별하지 못했던 이유는 간단합니다. 단 한 번도 하나님의 육성을 경험해본 적이 없었기 때문이었습니다. 그런 이유에서일까요? 하나님께서는 제사장 엘리가 아닌 어린 사무엘을 부르셨습니다.

"나를 사랑하는 자들이 나의 사랑을 입으며 나를 간절히 찾는 자가 나를 만날 것이니라"(잠 8:17)

하나님께서는 전인격적 관계를 원하십니다. 하지만 표면적인 종교 생활에서 멈춘 자들은 뜨거운 성령 충만을 체험하지 못한채 살게 됩니다. 우리가 간절히 하나님을 사모하며 그분을 찾으면, 그분의 실존을 경험하게 되는 것은 너무나 당연한 이치입니다.

목회자들의 수치스러운 행위가 여러 매체를 통하여 끊임없이 쏟아져 나오고 있는 이때, 저를 포함한 모든 목회자가 하나님의 실존을 경험하여 그분을 향한 경외심을 회복해야 하지 않을까 생각해봅니다.

39 약함이 축복인 이유

　　사도바울의 주장대로 믿음의 조상 아브라함은 행위로 인해 의롭다 하심을 받은 인물이 아닙니다. 성경이 자주 강조하는 바와 같이, 인간 안에는 일말의 의로움조차 날 수가 없습니다(롬 3:10). 성경을 통해 믿음의 선조들을 대할 때마다 감동과 존경심보다는 실망감이 더욱 크게 밀려오는 이유도 이와 같습니다. 성경이 그들의 허물을 지극히 일부만 드러내고 있지만 믿음의 선조라 일컫는 이들에게도 보편적인 사람에게서 나타나는 죄악이 목격됩니다. 자신의 목숨을 부지하기 위해서 아내를 누이라고 속였던 야비한 행동이나 하나님의 언약을 듣고도 하갈과 동침하여 이스마엘을 낳은 아브라함의 행동은 연소한 성도들의 빈축을 사기에 충분합니다.

　　하나님의 예정과 선택은 성도들의 고난 속에서 증명됩니다(사 48:10). 그래서인지 의인은 유독 굴곡 많은 인생을 영위합니다(시 34:19). 하지만 고난을 통해 자기 한계에 다다르게 될 즈음, 그들은 모든 것을 내려놓고 하나님만을 붙잡게 됩니다. 고난을 통하여 지난날의 잘못을 참회하며 하나님만을 의지하기로 결단하는 것입니다. 반대로 하나님께 유기된 자들은 하나님의 섭리를 비웃기라도 하듯 오히려 세상에서 부귀영화를 누리며 성공하는 것처럼 보이기도 합니다. 물론 성경은 그러한 삶을 부정합니다. 사람이 스스로 완전함에 이르려 할수록 그에게서 하나님은 더욱 멀어지고 결국에는 자기 자신을 위한 바벨탑을 쌓을 것이 분명하기 때문입니다.

"라멕이 아내들에게 이르되 … 나의 상처로 말미암아 내가 사람을 죽였고 나의 상함으로 말미암아 소년을 죽였도다"(창 4:23)

가인의 경우 그의 5대손인 라멕에 이르러 그릇된 삶의 방식이 도출됩니다. 앞서도 밝힌 것처럼 라멕은 자신이 받은 작은 피해를 수용하지 못하고 어린 소년을 살해하는 잔악상의 극치를 보여 줍니다. 그에게 이웃을 향한 자비와 긍휼 따위는 없습니다. 신앙심을 상실한 그는 오로지 자신의 안위만을 가치로 삼아 온 민족과 갈등하며 세력을 확장해왔습니다. 이것이 세상 사람들에게 전수된 가인의 삶의 방식입니다.

"아브람아 두려워하지 말라 나는 네 방패요 너의 지극히 큰 상급이니라"(창 15:1)

하지만 아브라함은 제 유익에 사로잡히지 않았습니다. 전쟁포로가 되었던 조카를 구하기 위해 전쟁도 불사하지 않았다는 것이 그 사실을 뒷받침합니다. 어떤 이들은 아브라함이 동방의 연합군을 물리쳤다는 사실만으로 그를 영웅시하지만 아브라함은 자주 두려움에 사로잡혔습니다. 지난 날의 승리가 자신이 가진 능력으로 완성된 것이 아님을 알고 있었기 때문입니다. 하나님께서 소년 다윗을 통해 골리앗을 물리치셨던 것처럼, 하나님의 도우심이 없었다면 결코 승리할 수 없다는 것을 인지하고 있었던 것입니다. 그래서 아브라함은 자신의 연약함을 두려워하며 더욱 하나님만을 바라며 신뢰하였습니다.

"아브라함이 바랄 수 없는 중에 바라고 믿었으니 이는 네 후손이 이같으리라 하신 말씀대로 많은 민족의 조상이 되게 하려 하심이라"(롬 4:18)

결국 아브라함은 하나님으로부터 그의 대를 잇게 될 후손까지 약속받게 되었습니다(창 15:4-6). 자녀를 생산치 못하는 육체적인 결점을 인지하고 있었지만(롬 4:19), 연약 할수록 강하게 역사하시는 하나님의 은혜가 험한 세상을 살아가는 그에게는 가장 큰 위안이 되었습니다.

사도바울이 주장하듯 자신의 연약함을 깨달아 하나님만을 신뢰하는 것이 기독교 신앙의 핵심 가치입니다. 그런데 흥미로운 점은 이러한 믿음이 마치 유전자와 같아서 성도들의 자손들에게 상속된다는 점입니다.

연소했던 시절, '믿음의 선조들 대부분이 무언가 변변치 못한 사람들이 아닐까?' 하는 생각이 들었습니다. 신앙의 연수가 깊지 않은 탓이 었는지 존경과 신뢰는커녕 비난받아야 할 대상으로 여겼습니다. 그러나 말씀 속에서 일하시는 하나님의 섭리를 발견하게 되면서 고집스러운 생각은 달라지기 시작했습니다. 제 눈에 그들은 분명 무능하게 보였고, 어리석은 모습을 취하고 있었습니다. 그리고 그러한 연약함이 그들의 후손들에게도 고스란히 흘러가는 것처럼 보였습니다. 그런데 저를 당황스럽게 만든 것이 하나 있었습니다. 믿음의 선조들이 수치로 여겨야 할 자신의 무능함과 연약함을 도리어 하나님을 의지하는 믿음의 출발점으로 삼는 탁월한 선택을 했다는 사실입니다. 사람이 가진 능력의 한계를 받아들이고 시선을 돌려 능력이 되시는 하나님을 앙망하며 살기를 주저하지 않았던 그들이야말로, 참으로 지혜롭고 뛰어난 믿음의 사람이라 인정할 수밖에 없었습니다.

그러나 신앙을 등지고 세속적인 성공을 추구하던 가인과 같이, 인간의 능력을 무한 신뢰하며 야망을 좇아 사는 어리석은 성도들도 존재합니다. 목에 핏대를 세워가며 하나님께 복을 구하고 부르짖으나 교회 문턱을 넘어서면 하나님이 계시지 않은 것처럼 세상의 유혹 앞에 서성이며 사는 성도의 모습이 낯설지가 않습니다. 연약함으로 하나님을 의지하며 믿음으로 살아가기보다는 가인의 후예인 라멕과 같이 자신이 가진 능력으로 타인과 경쟁하며 짓밟는 것에 희열을 느끼는 자들입니다.

아담과 하와는 완성형 인간으로 창조되었습니다. 성경 어디에도 그들의 유아기는 찾아볼 수 없습니다. 그들은 날 때부터 하나님의 음성을 알아듣고 청지기의 의무도 감당하였습니다. 반면 그들의 후손에게는 특별한 은혜가 부어졌습니다. 하나님께서 아담의 후손들에게 유아기를 허락하시어 자신의 약함과 불완전함을 깨우치도록 하신 것입니다. 이것은 모든 사람에게 주어지는 차별 없는 은혜이기도 합니다. 하지만 대개는 그러한 은혜를 신앙의 기회로 삼기보다 오히려 허망한 것에 마음을 빼앗기고 맙니다. 사탄은 지금도 돌로 떡덩이를 만들라며 우리의 연약함을 지적하고 있습니다(마 4:3). 그리고 자신의 능력을 앞세워 살아가는 삶을 성숙이라 떠들어댑니다. 하지만 그것이 아무리 좋게 보일지라도 참된 기독교 정신과는 거리가 멉니다.

하루는 카페에서 제자를 기다리고 있는데 하나님께서 먼저 저에게 찾아오셨습니다. 가끔이지만 그분이 찾아오시면 몸이 허공에 뜨는 듯한 경험을 하곤 합니다. 주님께서는 마음 가운데 속삭이듯 이렇게 말씀하셨습니다.

"나는 네가 어린아이와 같이 되길 바래"(마 18 :4)

그 음성은 한동안 귓가를 맴돌았습니다. 어린아이와 같이 되는 것은 무엇일까? 어린아이와 같이 되려면 어떻게 해야 하는 걸까? 하나님의 음성은 늘 그렇듯 과제가 되어 저를 변화의 길로 이끌었습니다.

"구스가 또 니므롯을 낳았으니 그는 세상에 첫 용사라"(창 10:8)

유기된 세상 사람의 관심사는 오직 '능력'에 있습니다. 그들은 그것으로 저 자신을 높이며 과시하길 바랍니다. 그러다 보니 시기와 경쟁은 인간사에 당연한 문화가 되어버렸습니다. 가인과 그의 후손인 라멕처럼 누군가를 밟고 앞서 나가야만 내로라하는 사람이 되어 어깨를 펼 수 있는 것이 세상의 이치입니다. 하지만 그러한 사람의 능력이 오히려 신앙에는 독이 된다는 사실을 깨달아야 합니다. 누구나 물질이나 지식을 많이 가지면 하나님과 멀어질 수밖에 없습니다. 저 자신에게 능력이 있으니 힘들게 하나님의 도움을 구하지 않는 것입니다.

가슴으로 낳은 아들 가운데 진구가 있습니다. 어느 날 진구와 함께 저녁을 먹게 되었는데 진구가 음식을 씹는 모습이 무척이나 불편하게 보였습니다. 조심스레 입안을 확인해 보니 흔들리는 이가 무려 3개나 되었습니다. 얼마나 아프고 불편했을까요? 온몸이 아려왔습니다. 하지만 저를 더 안타깝게 하는 건 녀석의 삶의 방식입니다.

진구는 어린 나이에 부모로부터 버림을 받았습니다. 이후에도 한곳에 정착하지 못하고 여기저기 여러 시설을 옮겨 다니며 떠돌다가 마침내 이곳에 정착하게 되었습니다. 그 과정에서 어떠한 일을 겪었을지 충분히 짐작됩니다. 아무튼지 진구는 낯선 사람, 낯선 환경에서도 생존할 수 있는 나름의 방식을 터득하게 되었을 것입니다. 아무래도 눈칫밥으로 살아왔기 때문인지 어딘가 아파도 누구에게 말하는 법이 없고, 참고 견뎌내는 것이 아예 몸에 배어버렸던 것입니다.

저는 아들의 입을 벌리고 아픈 이를 모두 시원하게 뽑아 주었습니다. 물론 울지도 않았고 잘 참아준 게 얼마나 고마운지 모릅니다. 차라리 품에 안겨 울면서 떼를 부리고 이를 빼지 않겠다고 고함이라도 질렀으면 좋았을 텐데요…

저는 하나님의 자녀입니다. 그런데 저는 종종 버려진 고아처럼 행동하곤 합니다. 문제가 생겼을 때 아버지께 달려가 도움을 청하고 떼를 쓰기보다 마치 진구처럼 불안에 떨면서 속마음을 감추며 스스로 문제를 해결하려고 아등바등하곤 합니다. 아니, 상처를 받아서 아파도 괜찮은 척하며 견딜 수 있을 때까지 참아보려 합니다. 그게 얼마나 어리석은 짓인지 잘 알고 있으면서도 말입니다. 지금 생각하니 진구와 어찌 그리 닮았는지 모르겠습니다.

하나님 아버지께서 이런 제 모습을 어떻게 여기셨을까요? 아무리

PART 3. 약할 때 강함 되시네

생각해도 성숙하다 칭찬하시며 대견해하시지는 않으셨을 것입니다. 친구가 아픔을 미련하게 참기보다 아버지를 찾아와 말해주었더라면 단번에 문제가 해결되었을 것처럼 하나님 역시 아버지를 찾아와 아픔과 고통을 아뢰기를 바라셨을 것입니다.

> "이에 일어나서 아버지께로 돌아가니라 아직도 거리가 먼데 아버지가 그를 보고 측은히 여겨 달려가 목을 안고 입을 맞추니"(눅 15:20)

대부분 부모는 자녀를 통해 자기 체면을 챙기길 바라고 노쇠해진 자신을 친절하게 부양하길 바라는 속내를 가지고 있습니다. 하지만 하나님의 사정은 다릅니다. 하나님 아버지께서는 쇠하지도 않으시고 곤비하지도 않으십니다. 항상 강하시며 영원한 분이십니다. 그러한 모습으로 그분은 우리의 연약함을 도우십니다. 하나님께서 자기부정을 바라시는 이유가 이 때문입니다. 육신의 아버지와는 반대로 어린아이와 같이 평생 자신을 의지하는 자를 기뻐하시는 것입니다.

탕자가 귀향하였을 때 그의 아버지는 무일푼 신세였던 아들의 목을 끌어안고 입을 맞추어 환영하였습니다. 여느 부모라면 자신의 재산

을 탕진한 자녀를 꾸짖기라도 했을 텐데 하나님이신 아버지는 어떠한 내색조차 없으십니다. 오히려 약한 모습으로 돌아온 아들이 반갑고 사랑스러울 뿐이었습니다.

겸손에 대한 오해와 편견을 버려야 할 것입니다. 수수한 차림새나 온화한 언행 따위를 가리키는 것이 겸손이 아닙니다. 성경이 말하는 겸손은 곧 약함입니다. 예수님을 믿으면 돈을 많이 벌고 출세하는 게 아니라 오히려 자신의 약함과 불완전함을 깨달아 아버지 하나님만을 의지하며 그분께 영광 돌리는 것입니다. 이것이 아브라함이 가진 믿음이 실체입니다(욥 22:29, 시 149:4, 미 6:8).

40　질그릇에 담긴 보배

"다섯 달란트 받은 자는 바로 가서 그것으로 장사하여 또 다섯 달란트를 남기고 두 달란트 받은 자도 그같이 하여…"(마 25:16-17)

복음서에 기록된 '달란트 비유'는 성도라면 누구나 잘 알고 있는 이야기입니다. 이 비유에는 주인에게 사업 밑천을 지원받은 세 명이 등장합니다. 여기에서 대부분의 독자는 1달란트를 지원받은 자에게 집중합니다. 그리고 우리는 1달란트의 가치를 알게 되는 순간 그의 어리석음과 게으름을 통해 큰 깨우침을 얻게 됩니다.

금 1달란트는 당시 장정 한 사람이 약 20년 동안 받을 품삯에 해당하는 어마어마한 액수였습니다. 하지만 1달란트를 받은 자는 비교의식과 경쟁심에 사로잡혀 어떠한 시도도 하지 않고 넋두리만 늘어놓는 한심한 인생을 살았습니다. 사실 두 달란트를 받은 자도 한 달란트를 받은 자와 한패를 이뤄 주인을 척질 수도 있었습니다. 이해되지 않는 주인의 셈법을 불공평하다며 정죄할 수도 있었던 것입니다. 하지만 그는 5달란트를 받은 자에게 도전받기로 작정하였습니다. 주인의 불공평을 논하고 남보다 부족한 자신의 역량을 비관하기보다, 주어진 상황에 최선을 다하기로 마음먹은 것입니다. 결국 그는 2달란트를 더 남기게 되었습니다. 분명 5달란트를 남긴 자와는 많은 차이가 있기는 했지만, 주인은 그들을 동일하게 칭찬하였습니다.

> "… 잘하였도다 착하고 충성된 종아 네가 적은 일에 충성하였으매 내가 많은 것을 네게 맡기리니 네 주인의 즐거움에 참여할지어다 하고"
>
> (마 25:21,23)

'사도'라 함은 예수님과 공생애를 함께한 열두 제자를 칭하는 직분입니다. 하지만 바울은 하나님의 예정을 입어 예수님을 만나는 특별한 경험을 하게 되었고, 주님의 부르심으로 변화가 되어 스스로 사도가 되었습니다. 그래서인지 어떤 이들은 바울의 사도됨을 의심하기도 했습니다. 하지만 바울은 그러한 핸디캡을 받아들이기로 했습니다. 1달란트를 지원받은 자와 같이 자신의 그릇을 부정하기보다, 오히려 맡겨진 사명에 더욱 최선을 다한 2달란트 받은 자처럼 되기로 한 것입니다. 그 결과 그는 어떤 사도들보다 많은 열매를 맺는 데 성공하게 되었습니다. 어떤 사도보다 많은 성경을 집필하여 기독교 신학을 집대성하였고 어떤 사도보다 많은 교회를 개척하였으며 보다 많은 영혼을 구원했습니다. 그러한 그의 겸손함과 열정적인 사역은 다른 사도들에게 본보기가 되기에 충분했습니다. 그러므로 누가가 집필한 사도행전과 수제자 베드로의 베드로후서에서도 바울의 사역이 자세하게 기록될 수 있었습니다.

창세기의 말씀은 천지창조의 핵심이 '질서'라는 사실을 명확하게 드러냅니다. 첫째 날의 피조물은 둘째 날의 피조물을 위해 존재하며, 둘째 날의 피조물은 셋째 날의 피조물을 위해, 셋째 날은 넷째 날을 위해, 넷째 날은 다섯째 날을 위해, 다섯째 날은 여섯째 날을 위해, 여섯째 날은 일곱째 날을 위해 존재하는 질서를 주의해 볼 수 있어야 합니다. 더 자세하게 설명하자면 첫째 날에 창조된 빛은 둘째 날의 궁창을 비추기 위해 존재합니다. 둘째 날에 창조된 궁창은 셋째 날의 하늘 아래 물과 뭍을 형성하는 데 이바지하고(또한 궁창은 다섯째 날에 창조된 새의 활동공간이 되었습니다), 셋째 날에 창조된 물과 뭍은 다섯째 날의 물고기와 새들의 거처가 되었으며 다섯째 날에 창조된 새와 물고기는 여섯째 날의 온갖 동식물들을 위해 존재합니다(물고기는 물 안의 양분을 제공하고 새는 씨앗 파종을 도왔을 게 분명하기 때문입니다). 그리고 이 모든 것은 만물의 영장으로 불리는 사람의 생존을 도왔습니다. 물론 창조의 원리 설명을 여기에서 멈춘다면 저는 파렴치한 인본주의자로 전락하게 되고 말 것입니다.

우리는 천지창조의 질서를 깨우치며 제 칠일에 더욱 집중해야 합니다. 만물의 영장인 사람은 제 칠일 안식일을 위해서 존재하기 때문입니다. 즉 사람은, 하나님의 영광을 목적으로 하는 예배를 위해 창조되었다는 말입니다. 그러므로 사람을 위해 존재하는 모든 피조물 역시, 하나님의 영광을 위해 존재한다는 데에 동의할 수밖에 없는 질서가 형성되는 것입니다. 그러나 인간은 스스로 창조의 질서를 깨뜨려 버렸습니다. 피조물인 사람이 창조주가 되길 바랐던 것입니다. 사람이 죄악 가운데 출생했다는 게 그들의 허망한 관심사로 증명되는 순간이었습니다.

하나님께서 창설하신 에덴동산에는 선악과뿐만 아니라 생명나무도 있었습니다. 생명나무는 사람에게 영생을 허락하신 하나님의 말씀을 상징하였지만(계 2:7; 22:2), 아담과 하와는 선악과에 더욱 끌렸습니다. 물론 선악과의 열매를 취한들 신이 될 수 없었습니다(피조물이 창조주가 된다는 게 가당키나 한 일입니까?). 오히려 질서를 깨뜨리므로 무질서라는 새로운 재앙이 그들에게 임하고 말았습니다.

"… 새와 짐승과 기어다니는 동물 모양의 우상으로 바꾸었느니라 … 피조물을 조물주보다 더 경배하고 섬김이라"(롬 1:23, 25)

그들은 자신들이 만물의 영장이라 자처하며 신과 같이 될 수 있을 것이라 여겼으나, 아이러니하게도 자신들을 위하여 만들어진 자연과 짐승을 신과 같이 섬기는 역전의 올무에 빠져들고 말았던 것입니다. 청지기라는 부르심을 거부하며 스스로 창조주가 되길 바랐지만, 현실은 우상들의 노예가 되어 더욱 영적으로 퇴보하고 말았습니다.

"큰 집에는 금 그릇과 은 그릇뿐 아니라 나무 그릇과 질그릇도 있어 귀하게 쓰는 것도 있고 천하게 쓰는 것도 있나니 누구든지 이런 것에서 자기를 깨끗하게 하면 귀히 쓰는 그릇이 되어…"(딤후 2:20-21)

자신의 그릇을 인정하고 최선을 다하는 삶보다 더 지혜로운 것이 있을까요? 뱁새를 직접 눈으로 본 사람이라면 "뱁새가 황새 쫓다가 가랑이 찢어진다"라는 속담을 사용하기가 어려울지 모릅니다. 뱁새의 그 앙증맞고 사랑스러운 모습에 반하여 우아한 황새의 모습은 이내 잊게 되고 말 것입니다.

하나님께서 창조하신 우리 자신의 모습은 존중되어야 합니다. 세상에 존재하는 무수한 다양성 가운데 나 자신에게 맞는 그릇을 발견하고 인정해야 합니다. 질그릇이면 어떻고, 뱁새라면 어떻습니까? 주어진 은사와 역량을 따라 맡겨진 사명에 최선을 다하면 공평하신 하나님께서 주시는 큰 복과 칭찬을 받을 것이 분명합니다.

LIVING THE GOSPEL

4 PART

구별

> " 나와 주의 백성이 주의 목전에 은총 입은 줄을 무엇으로 알리이까 주께서 우리와 함께 행하심으로 나와 주의 백성을 천하 만민 중에 구별하심이 아니니이까 "
>
> 출애굽기 33:16

41 날마다 죽고 다시 사는 사람

"우리가 알거니와 우리의 옛사람이 예수와 함께 십자가에 못 박힌 것은 죄의 몸이 죽어 다시는 우리가 죄에게 종 노릇 하지 아니하려 함이니"(롬 6:6)

그리스도인의 부활은 사망이라는 조건이 뒤따릅니다. 구습을 쫓는 옛사람이 죽어야만 새사람으로 다시 살 수 있다는 말입니다. 따라서 부활을 소망하는 모든 그리스도인은 반드시 세례의 과정을 거쳐야 합니다. 애굽의 문화에 젖어버린 옛사람이 홍해에 잠겨 죽어야만 하나님의 영광을 위해 다시 살 수 있는 것입니다(롬 6:2).

히브리인들의 출애굽을 작정하신 하나님의 의도가 쉽게 이해되지 않을 때가 있습니다. 메마른 광야보다 수려한 애굽 땅에 성막을 건축하는 것이 하나님의 영광을 선전하는데 더욱더 효과적이라는 판단이 드는 것입니다. 만일 애굽에 날마다 하나님의 기이한 이적이 나타났다면, 모든 사람이 놀라 여호와를 믿는 것은 물론이고 히브리 백성들의 위상도 한층 높아졌을 테니 금상첨화 아닐까요?

그러나 하나님의 인도하심은 오직 '구별'에 초점이 맞춰져 있었습니다. 자기 백성들이 하나님께서 기피 하시는 우상숭배의 문화로부터 분리되기를 바라셨던 것입니다. 물론 애굽 사람들의 사특한 욕구가 히브리 백성들에게도 동일하게 내재되어 있었지만, 하나님께서는 출애굽을 결단했던 그들을 홍해에서 말갛게 씻어 주셨습니다. 이것이 물세례의 실마리가 되는 사건입니다. 하나님의 은혜로 속죄함을 입었으니 다시는 종의 멍에를 지지 않으려 애굽과의 작별을 선택하는 것입니다(갈 5:1).

"… 나의 자랑을 두고 단언하노니 나는 날마다 죽노라"(고전 15:31)

간혹 물세례를 일회적인 신앙의 절차로 오해하는 사람들이 있지만, 세례는 원죄가 내재된 우리의 육체를 반복적으로 홍해에 완전히 잠그는 것입니다. 안타까운 사실은 제멋대로 성경을 이해하는 이단 종파들은 그러한 수고를 거부한다는 것입니다. 예수께서 자신의 죄를 '단번에' 해결하셨다는(롬 6:10) 한 구절의 말씀만을 맹신하며 성화를 위해 어떠한 노력도 기울이지 않는 것입니다. 하지만 어찌 전능하신 하나님의 입장과 사람의 입장이 같을 수 있겠습니까. 예수님은 시공간을 초월하시는 전능하신 하나님이시기에(눅 24:31, 히 1:3) 십자가에서 성도의 모든 죄악을 단번에 해결하셨지만, 인간의 사정은 다릅니다. 아담과 하와가 에덴에서 쫓겨난 이후로 모든 인류는 시공간에 갇히게 되었으니 말입니다. 그러므로 성도의 구원이 하나님의 예정에 의한 완성형이라면 성도의 신앙은 날마다 옛사람과 씨름하는 현재 진행형이라 할 수 있습니다. 그리고 그렇게 수고하는 자에게 하나님의 구원이 은혜로 보장되는 것입니다(빌 2:12). 따라서 성숙한 성도일수록 더욱 회개에 매진하는 법입니다. 여전히 세상 것에 이끌리는 헛된 욕망이 꿈틀거리지만 그러한 본능을 모른 체하기보다 오히려 갈등하며 선한 일에 매진하는 것입니다. 그래서 사도바울은 자신의 신앙을 빗대어 '죽음'으로 표현했습니다. 날마다 회개로 옛 자아를 죽이고 성령으로 새 사람을 입는 작업을 포기하지 않았던 것입니다.

> "복 있는 사람은 악인들의 꾀를 따르지 아니하며 죄인들의 길에 서지 아니하며 오만한 자들의 자리에 앉지 아니하고"(시 1:1)

하루는 어느 집사님께서 찾아와 고민을 털어놓았습니다. 사회생활을 하면서 자연스레 세상 문화에 젖어 습관적으로 음주가무를 즐기게 되었다는 것이었습니다. 물론 늘 죄송한 마음으로 금주를 선언하지만 그러한 결단은 항상 수포가 되어 또다시 음주를 즐기게 된다는 것이었습니다.

듣고 보니 문제의 핵심은 마음의 결단보다 행함의 부재라는 것을 알게 되었습니다. 그는 술자리에 설 때면 늘 속으로 금주를 결단하곤 했지만 실제로는 술자리 자체를 거부하지는 않았습니다. 진정으로 금주가 합당한 일이라 여긴다면 처음부터 그 자리를 함께하지 않는 것이 현명한 처사입니다. 죄의 자리를 떠나야만 사탄의 유혹도 피할 수 있는 법이니까요. 선악과 근처를 서성이지 않았다면 뱀을 만나 유혹을 받는 일도 없었을 테니 말입니다.

성경은 마귀를 대적할 것을 명령합니다(약 4:7). 이는 단순히 큰 소리를 지르며 기도하고 마귀에게 떠날 것을 호령하라는 말이 아닙니다. 성경에서 사용된 '대적'이라는 단어는 헬라어 '안티스테테'를 번역한 것으로, 본래 '반대하여 서다'라는 의미가 있습니다. 즉, 성도가 사탄을 물리칠 방법은 사탄이 지배하는 자리를 떠나 그에 반하는 곳에 서는 것이라 할 수 있습니다. 이스라엘이 애굽을 떠나야만 했던 이유도 이와 같습니다. 완악한 세상에 머물며 허탄한 것을 추구하는 자들과 함께하면서 하나님의 말씀에 순종하기란 처음부터 불가능한 일이었습니다. 오직 예수 안에 머물며 회개와 선한 일에 힘쓰는 자만이 그리스도인이라는 칭함을 받을 수 있는 것입니다.

"모든 민족을 그 앞에 모으고 각각 구분하기를 목자가 양과 염소를 구분하는 것 같이 하여 양은 그 오른편에 염소는 왼편에 두리라"(마 25:32-33)

'신앙'은 다른 말로 '구별'이라 할 수 있습니다. 하나님과의 동행을 바라며 끊임없이 세상을 경계하고 예배의 자리를 사수하는 것이 참된 신앙인의 모습입니다.

42 네가 어디 있느냐?

"나와 주의 백성이 주의 목전에 은총 입은 줄을 무엇으로 알리이까 주께서 우리와 함께 행하심으로 나와 주의 백성을 천하 만민 중에 구별하심이 아니니이까"(출 33:16)

사도바울은 자신의 저서를 통해 성도의 구원을 독특하게 표현하고 있습니다(롬 8:2). 성도의 머무는 자리가 곧 그의 영적인 실상과 구원까지 증명한다고 했으니 말입니다. 이러한 사도바울의 이해는 이제까지 한 번도 들어보지 못한 생소한 가르침이라기보다 이미 성경 전체에 흐르고 있었던 뜻과 맥락을 같이하는 다른 표현이라 할 수 있습니다.

성경은 거듭해서 죄와 은혜를 '자리'로 묘사합니다. 유기된 자들의 자리가 있는가 하면 하나님께 선택받은 성도들의 구별된 자리도 있다는 말입니다. 그러한 서로 다른 자리는 훗날 결정적인 심판으로도 이어진다는 언급도 매우 주의해 볼 필요가 있습니다(출 32:26, 민 16:24, 시 1:1, 잠 14:7, 롬 6:2, 롬 6:11, 마 25:33, 요 15:7, 요일 3:24). 그러므로 세상을 향한 끝없는 경계와 구별이 우리의 구원을 성취하게 하는 밑거름이라 할 수 있습니다.

선악과를 취하고 에덴에서 추방당했던 아담과 하와, 동생 아벨을 죽이고 하나님과 멀어져 놋 땅으로 이주했던 가인, 갈대아 우르를 떠나 하나님께서 지시한 땅으로 나아갔던 믿음의 조상 아브라함과 소돔과 고모라로 이주했던 그의 조카 롯, 하나님께서 불편하게 여기셨던 애굽 땅에서 구별되어 광야로 나갔던 이스라엘 백성, 우상숭배에 가담하고도 모세의 편을 택하여 하나님께 쓰임 받았던 레위 족속, 여리고 성에서 분리되어 이스라엘 백성이 되기로 자처했던 기생 라합, 가나안 원주민이었으나 신분을 속이면서까지 이스라엘의 종이 되길 바랐던 기브온 거민들, 시어머니를 따라 우상숭배와 고향을 버리고 베들레헴으로 이주하기를 결심했던 이방 여인 룻, 바알 신전에서 호세아가 머물고 있던 거친 들로 나갔던 고멜 등 이 모든 이들은 자신들의 신앙에 따라 선택의 자리가 달라졌고 그 차이는 분명하게 드러났습니다. 이와 같은 사건을 열거한다면 밤을 새워도 모자랄 것입니다.

그렇다면 성도들이 반드시 사수해야만 하는 자리란 어떤 곳일까요? 그렇다고 성경의 역사 속으로 들어가 그러한 영적인 자리를 직접 눈으로 확인할 수 있는 것도 아니니 하나님께서 바라시는 영적인 자리가 더욱 궁금하기 그지없습니다.

"예수께서 이르시되 네가 이 큰 건물들을 보느냐 돌 하나도 돌 위에 남지 않고 다 무너뜨려지리라 하시니라 예수께서 감람 산에서 성전을 마주 대하여 앉으셨을 때에…"(막 13:2-3)

성경은 의도적으로 예루살렘 성전과 예수께서 머무시는 감람산을 대치시킵니다. 어리석었던 제자들은 헤롯이 지어준 화려한 성전을 동경

했습니다. 그곳은 거룩하여 하나님께서 임재하시는 곳이라 여기며 성전을 통한 구원은 언제나 정당하다고 맹신했던 것입니다. 하지만 예수께서는 일부러 성전을 피하시기도 하셨으며 심지어 타락한 성전의 멸망을 예고하시는 것을 볼 수 있습니다. 이러한 갈등은 에스겔서를 통해 이미 예고되었던 일이기도 했습니다.

"여호와의 영광이 성읍 가운데에서부터 올라가 성읍 동쪽 산에 머무르고"(겔 11:23)

하나님의 영광으로 가득해야 할 예루살렘 성읍이 사람의 영광으로 채워지는 순간, 하나님의 영광은 동쪽 산으로 옮겨졌습니다. 예루살렘 성읍의 동쪽 산이란 예수님께서 거처로 삼으시던 바로 그 감람산입니다. 거룩해야 할 성전이 탐욕과 거짓으로 더럽혀지자 하나님의 영광이 그곳을 떠나 예수께서 거하시는 행적 위에 머물게 된 것입니다. 사도요한은 그와 같은 예수님의 공생애를 새 예루살렘으로 비유하여 비가시적인 성전으로 묘사하기도 했습니다.

"또 내가 보매 거룩한 성 새 예루살렘이 하나님께로부터 하늘에서 내려오니…"(계 21:2)

"하나님의 장막이 사람들과 함께 있으매 하나님이 그들과 함께 계시리니 그들은 하나님의 백성이 되고 하나님은 친히 그들과 함께 계셔서"(계 21:3)

"성령으로 나를 데리고 크고 높은 산으로 올라가 하나님께로부터 하늘에서

내려오는 거룩한 성 예루살렘을 보이니"(계 21:10)

하나님께서 성도들에게 바라시는 자리란 예루살렘 성전과 같이 정해진 어떤 특정한 장소를 가리키지 않습니다. 계시록에 등장하는 새 예루살렘은 말씀이신 예수께서 우리와 함께하셔서 임마누엘의 언약이 성취되는 영적인 자리입니다. 시편의 시작과 같이 세상의 악인들, 죄인들, 오만한 자들을 멀리하고 말씀을 묵상하며 주님과 함께 하는 자리가 거룩한 자리이며 이를 사수하는 것이 아브라함과 모든 성도에게 명령하신 본토 친척 아비 집에서의 이주를 뜻하는 것입니다(시 1:1-2).

"야곱이 잠이 깨어 이르되 여호와께서 과연 여기 계시거늘 내가 알지 못하였도다 이에 두려워하여 이르되 두렵도다 이 곳이여 이것은 다름 아닌 하나님의 집이요 이는 하늘의 문이로다 하고…그 곳 이름을 벧엘이라 하였더라"(창 28:16-19)

믿음의 선조 야곱은 형 에서를 피해 하란으로 도망가던 길에 '벧엘'이라는 곳에서 하나님을 경험하였습니다. 벧엘이라는 지명의 뜻이 '하나님의 집'이기 때문에 그곳은 사도요한이 증거하는 새 예루살렘과 영적으로 동일한 자리입니다. 그리고 야곱은 그곳에서 임마누엘의 축복을 성취하였습니다. 말씀이 되시는 하나님께서 야곱과의 동행을 결정하신 것입니다(요 1:1). 앞서 언급한 계시록 말씀과 같은 맥락입니다. 하늘에서부터 임하는 하나님의 나라가 말씀과의 동행을 갈망하는 모든 성도들에게 실현되는 것입니다.

하나님께서 세상을 기피하시는 이유를 깨우쳐야 합니다. 그릇된 세상의 문화와 방식들이 성도로 하여금 하나님과의 동행을 가로막고 이 땅에 실재하는 새 예루살렘을 바라보지 못하게 만드는 것입니다. 다시 말하면 성도가 세상을 선택하는 순간, 하나님의 말씀을 망각하고 자신들의 이익과 영광에 이끌려 하나님을 떠나게되는 것입니다.

"여호와 하나님이 아담을 부르시며 그에게 이르시되 네가 어디 있느냐"
(창 3:9)

종종 스스로 어떤 자리에 속해 있는지를 돌아볼 수 있어야 합니다. 그것은 생사를 결정할 수 있게 하는 매우 중요한 습관이라 생각합니다. 하나님께서 선악과를 취했던 아담에게 그의 중심이 속한 자리가 어디인지를 물으신 것도 그런 이유 때문이었으리라 믿습니다. 결코, 아담이 어디 있는지 찾지 못하셔서 질문하신 것이 아닙니다. 그들은 아직 에덴에 머물고 있었지만, 마음은 이미 세상으로 이탈해 버린 상태였기에 하나님의 말씀을 거부하고 숨어든 것입니다.

우리는 지금 어디에 머물러 있습니까? 말씀이 되시는 예수께 '접붙인'바 된 존재로서 끊임없이 은혜를 공급받는 관계 속에 머물러 있습니까?(요 15:4)

복 있는 사람이 세상을 경계하는 것과 같이 탐욕과 절망에서 돌아설 수 있는 것도 오직 하나님의 말씀이 임하는 자리에서만 가능한 것입니다.

의심의 안개 걷히고 근심의 구름 없는 곳
기쁘고 참된 평화가 거기만 있사옵니다
내 주여 내 맘 붙드사 그곳에 있게 하소서
그곳은 빛과 사랑이 언제나 넘치옵니다.

<찬송가 491장 저 높은 곳을 향하여>

43 나도 가룟유다가 될 수 있다

"이 향유를 어찌하여 삼백 데나리온에 팔아 가난한 자들에게 주지 아니하였느냐 하니"(요 12:5)

유다는 제사보다 젯밥에 관심이 많았던 인물 중 하나였습니다. 하나님의 영광을 위해서, 그와 더불어 이웃을 사랑하기 위해서 주를 따랐던 것이 아니었습니다. 마리아가 예수 그리스도께 향유를 부은 상황에서 그의 어리석음이 더더욱 선명하게 부각되었습니다. 그런 신성한 사건 앞에서 그는 오로지 계산적인 사고에만 사로잡혔습니다. 말로는 가난한 자를 위한 묘책을 제시하는 듯 보였지만 사실은 마리아의 향유가 탐이 났던 것입니다. 어쩌면 자신의 더러운 속내를 인정하고 싶지 않았을지도 모릅니다. 하지만 부정할 수 없는 것은 공의와 참된 사랑은 완악한 사람 안에서 날 수 없다는 사실입니다. 그것은 오직 예수 안에서만 실현 가능한 일이기 때문입니다.

가룟 유다는 모든 신자와 성도가 꺼리는 자입니다. 그런데 어느 날엔가 유다에게서 제 모습이 비친다는 사실을 알게 되었습니다. 예수를 반대하고 우상 앞에서 절하는 것만이 배교가 아닙니다. 한때 예수님의 사랑을 받고 그를 따르던 제자들이 왜 예수님을 모른 체하며 떠나게 되었는지를 깊이 생각해야 합니다. 그분의 영광에서 멀어져 탐욕을 부리는 것이 성도에게는 분명 배교가 되는 것입니다. 그러므로 선 줄로 생각하는 이들은 더욱 넘어질까 조심해야 합니다 (고전 10:12). 형언할 수 없는 은혜를 받은 우리가 예수님을 떠나 그분의 시험 거리가 될 수 있다는 사실을 명심해야 합니다.

  고등학교 재학시절, 저는 비교적 여유롭고 윤택한 형편을 누렸습니다. 저희 가정은 기거하던 아파트 외에도 동네 근처에 작은 주택을 소유한 적이 있었습니다. 그리고 그곳에 월세로 임대를 놓았습니다. 그런데 월세가 제때 입금되지 않기 시작했습니다. 차일피일 미루더니 석 달이나 밀리게 되었습니다. 어머니는 인내심의 한계를 느끼셨는지, 남자인 저를 대동하고 임차인 집을 방문하기에 이르렀습니다. 임차인 집에 방문한 어머니께서는 세입자와 한참 이야기를 나누고 오셨습니다. 그러더니 저를 끌고 인근의 시장으로 발길을 돌리셨습니다. 저는 월세를 받아서 장이라도 보시려는 것으로 생각했습니다. 그런데 어머니는 시장에서 쌀 20kg 한 포대를 사셔서 제 어깨에 짊어주시고는 다시 그 집으로 향하셨습니다. 그리고는 쌀을 몰래 넣어두시고 집으로 발길을 돌리셨습니다. 상황을 알아보니 임차인이 월세를 낼 형편이 아니었던 것이었습니다. 저는 어머니의 합리적이지 못한 태도에 불평을 터뜨렸습니다. 월세는 고사하고 남의 끼니 걱정에 쌀까지 주신 어머니의 행동이 이해되지 않았던 것입니다. 어찌나 짜증이 났던지 오는 내내 감정 섞인 말투로 빈정거렸습니다. 사실 밀린 월세 탓을 했지만, 그것에는 관심조차 없었습니다. 월세를 받게 되면 어머넌 제게 어김없이 용돈을 쥐어 주셨기 때문입니다. 철이 없었던 것인지 아니면 어리석었던 탓이었는지 이웃사랑에 대한 진정한 의미를 깨우치지 못했습니다. 이웃을 네 몸같이 사랑하라던 예수님의 말씀을 그저 남들에게 하기 좋은 소리쯤으로 여긴 것입니다.

유다는 처음부터 하나님의 영광과 전혀 관계가 없는 인물로 보입니다. 이웃을 사랑하기 위해서 주를 따랐던 것이 아니었기 때문입니다. 그는 자신의 사욕을 목적으로 예수님께 헛된 것을 바랐습니다. 결국엔 자기가 꿈꾸던 일이 틀어지자 예수를 은 삼십에 팔아넘겼습니다. 그러한 유다의 모습이 지난날 저의 모습이기도 합니다.

부끄러운 지난날을 되새기며 제 신앙의 목적을 깊이 묵상해봅니다.

"나는 과연 무엇을 목적으로 예수를 믿고 있는가?"

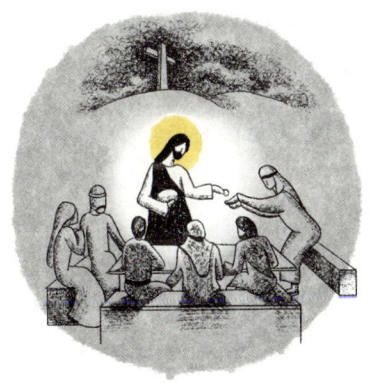

 피조물의 자리로 돌아오라

평소에 반려견에 관심이 많은 저는, 요즘 텔레비전에서 방영되는 한 프로그램을 즐겨 시청하곤 합니다. 성숙한 반려동물 문화를 조성하기 위해 제작된 이 프로그램은 어려운 상황에 놓인 견주를 돕기 위해 애견훈련사가 전국을 누비며 진행됩니다. 저는 프로그램 속에서 흥미로운 사실, 곧 피조물과 조물주와의 관계를 발견하게 되었습니다. 그것은 모름지기 개의 자리와 주인의 자리는 다르다는 것이었습니다. 만일 개가 주인보다 힘이 있다고 판단을 하여서 사람의 자리를 침범하기 시작하면 그 순간부터 문제가 발생하게 됩니다. 자신이 동물이라는 것을 망각한 개는 선을 넘어 주인의 통제를 무시하며 과격한 행동도 서슴없이 하는 것입니다. 급기야는 주인을 물어 상해를 입히는 일도 있었습니다.

인간도 마찬가지입니다. 태생이 어리석은지라 주인 되시는 창조주의 다스림 받는 것을 지극히 불편해하며 꺼립니다. 주인이 자신보다 약하거나 작다고 여겨지면, 마치 자신이 주인처럼 행세하려는 동물 같은 속성이 숨겨져 있습니다. 그러나 인간은 오직 하나님의 다스림 아래에서만 행복할 수 있는 법입니다. 개가 주인에게 달려들면 마침내는 그동안 누려왔던 모든 은택을 박탈당하고 쫓겨나게 되는 것처럼, 사람이 하나님의 자리를 탐하여 그 자리에 오르려 하면 신처럼 되는 것이 아니라 죄가 가져오는 고난이 시작되는 것입니다. 하지만 희망은 있습니다. 탕자의 아버지가 그랬던 것처럼 하나님께서는 에덴을 이탈한 자들을 오늘도 기다리십니다.

"… 그 성은 영적으로 하면 소돔이라고도 하고 애굽이라고도 하니 곧 그들의 주께서 십자가에 못 박히신 곳이라"(계 11:8)

소돔 같은 세상을 경계하며 멀리해야 하는 이유는 무엇일까요? 직설적으로 말한다면 그곳에서는 전심으로 하나님을 섬길 수 없기 때문입니다. 아담과 하와가 사탄이 머물던 선악과에 이끌려, 순간 창조주 하나님을 잃게 되고 말았던 것같이 소돔 역시 그러합니다. 하나님이 없어도 행복을 누리고 스스로 주인이 되어 살 수 있을 것같이 보이는 유혹들로 가득한 곳이 바로 소돔과 같은 세상입니다(창 13:10, 호 4:7). 물론 하나님과 동행하는 자리에는 약간의 불편함이 뒤따릅니다. 겸손하고 낮아진 심령을 바라시는 하나님께서 적절한 고난을 허락하셔서 신앙생활을 유도하시는 것입니다. 그리고 그렇게 하나님과 동행하는 삶은 세상의 삶과 비교할 수 없는 축복입니다(신 8:2).

"그러므로 보라 내가 그를 타일러 거친 들로 데리고 가서 말로 위로하고"
(호 2:14)

호세아의 아내였던 고멜은 습관적으로 하나님과 멀어져 버렸습니다. '거친 들'에서 머무는 것에 싫증을 느꼈는지 또다시 바알 신전으로 돌아가고 말았습니다. 지난날의 아담처럼 사탄의 편에 서는 것이 자신에게 더욱 큰 유익을 가져올 것이라고 믿었던 것일까요? 하지만 실제로 그녀는 바알의 자리에서 착취를 당하고 있었습니다. 매춘부들과 같이 몸을 팔며 우상 숭배자들의 노리개가 되어 사탄의 종으로 전락하고 말았던 것입니다(호 2:7). 하지만 하나님께서는 그런 고멜을 사랑하셨습니다. 대가를 지불하고 그녀를 다시 사 오셨으니까요.

'거친 들'이란 광야를 가리킵니다. 이스라엘 백성들이 성막을 제작하며 머물던 곳이기도 합니다. 그런 광야는 결핍이 있기에 누구에게나 불편한 곳입니다. 반면 그러하기에 하나님께서 살아 역사하시는 곳이기도 합니다. 그러므로 광야는 도리어 우리에게 가장 안전하고 평안한 자리라 할 수가 있습니다.

"… 그제야 그가 이르기를 내가 본 남편에게로 돌아가리니 그 때의 내 형편이 지금보다 나았음이라 하리라"(호 2:7)

분명 고멜은 야망을 좇아 세상에 속했던 지난날을 후회했습니다. 자신의 영광을 추구하며 우상의 재물을 취하는 것보다 거친 들에서 신랑 되신 예수를 높이며 그를 섬기는 것이 최고의 축복임을 깨달았습니다. 그래서 예수님의 품으로 돌아올 수 있었습니다(호세아의 이름과 예수의 이름이 같은 뜻을 가지고 있으니 호세아는 예수 그리스도를 상징하고 고멜은 완악한 세상에 미혹되며 살아가는 어리석은 성도를 의미합니다).

예수님을 신랑이라 부를 수 있는 것은 세상으로부터 돌이킨 자에게만 주어지는 특권입니다. 신부된 자신의 자리를 인정하고 예수님만을 높이며 살아가는 것이 얼마나 멋진 자리인가요! 예수님이 나의 신랑이 되시고 내가 하나님의 신부라니!

> 높은 산이 거친 들이 초막이나 궁궐이나
> 내 주 예수 모신 곳이 그 어디나 하늘나라
>
> <찬송가 438장 내 영혼이 은총입어>

45 성도의 이혼과 재혼

사도바울이 기술한 로마서는 난해한 해석을 이유로 성도들이 어려워하는 책 중 하나입니다. 물론 바울의 관점에서는 복음을 쉽게 해석하여 전달하려는 의도가 담겨 있다고 변론할 수도 있겠지만 죄로 눈이 어두워진 우리에게는 로마서가 복잡한 미로처럼 다가오는 게 사실입니다. 그렇다고 성경을 모른 채 피해갈 수만은 없습니다.

"그러므로 만일 그 남편 생전에 다른 남자에게 가면 음녀라 그러나 만일 남편이 죽으면 그 법에서 자유롭게 되나니 다른 남자에게 갈지라도 음녀가 되지 아니하느니라"(롬 7:3)

로마서 7장은 뜬금없이 이혼과 재혼에 관한 이야기로 이어집니다. 과연 바울이 설명하고자 하는 복음의 본질은 무엇일까요? 물론 허구의 인물이지만 사도바울이 비유한 여인의 처지를 생각해보면 그녀는 남편에게 많은 학대를 받았을 것으로 짐작됩니다. 그러다가 견딜 수 없어 지금의 남편에게서 떠나, 자신을 품어줄 다른 남자의 품을 찾아가게 됩니다. 이에 바울은 전남편이 사망한다면 자유롭게 혼인할 수 있다는 희망적인 메시지를 전해 줍니다.

사도바울이 비유하는 '여인'은 복음의 씨를 받아 새 생명을 얻어야 하는 모든 성도를 가리킵니다. 그런데 여기에서 중요한 사실은 성도에게는 반드시 분리되어야 하는 전남편이 존재한다는 것입니다. 바꿔 말하면 우리의 신분이 처음부터 하나님의 자녀나 그리스도의 신부가 아니었다는 말입니다.

"너희가 전에는 어둠이더니…"(엡 5:8)
"너희가 전에는 백성이 아니더니…"(벧전 2:10)
"… 본질상 진노의 자녀이었더니"(엡 2:3)

성경은 종종 이혼과 재혼에 관한 내용을 언급합니다. 그 대표적인 예가 룻기와 호세아서입니다.

룻의 남편은 유대 사람 말론입니다. 말론의 가족들은 생계를 위해 신앙을 저버린 야비한 자들입니다. 흉년이 들자, 말론의 어머니 나오미와 아버지 엘리멜렉은 두 아들을 데리고 베들레헴을 떠나 우상 숭배자들이 즐비한 모압 땅에 정착하게 되었습니다. 흉년의 위기 가운데 하나님의 구원하심을 구하기보다 눈앞에 보이는 풍요로움에 마음이 흔들려 이방나라로 향한 것입니다. 그러나 안타깝게도 모압에 정착한지 오래지 않아 엘리멜렉이 죽고 나오미와 그의 두 아들만 남겨지게 되었습니다. 이후 두 아들은 모압 여자 중에서 아내를 맞이하였는데, 이는 이방인과의 혼인을 금지하는 율법(신 7:3; 23:3-6)을 어기는 행위로 히브리인들에게는 결코 정당화될 수 없는 범죄였습니다. 어쩌면 모압 여인과 혼인을 통해서 그곳에서의 안착을 소망했는지 모릅니다. 하지만 삶은 그리 순탄치 않았습니다. 십수 년을 모압에 거할 즈음에 두 사람 역시 죽게 되는 충격적인 사건이 일어나게 되었습니다.

룻의 남편이었던 말론은 '율법주의 신앙'을 상징하는 인물입니다. 그는 분명 율법의 기능을 잘못 이해하였습니다. 율법을 통해 자신의 의로움을 증명하므로 스스로 생존하며 높아지기를 바랐던 것입니다. 성경은 말론의 그릇된 믿음의 실체를 모압의 이주와 이방인과의 혼인을 통해서 드러내고 있습니다.

하나님께서 혐오하시는 여러 모양의 우상숭배는 율법을 초월하지 못하는 한계를 보여줍니다. '못되게 살자, 악을 행하자'라고 주장하는 종교는 없습니다. 모두 나름의 경전(율법)을 만들어 선을 행하고 덕을 지켜서 자신들이 의인이란 것을 증명하려 합니다. 더 나아가 자신들이 성인(聖人)이 되고, 하나님과 같이 되고, 하나님의 아들 예수가 될 수 있다고 떠들어 댑니다. 이는 율법의 참된 기능을 알아먹지 못한 탓입니다. 그래서 그들은 오로지 자신의 의와 능력이 드러나길 바랄 뿐 하나님의 영광이나 이웃사랑에 관심을 두지 않습니다.

"또 무거운 짐을 묶어 사람의 어깨에 지우되 자기는 이것을 한 손가락으로도 움직이려 하지 아니하며"(마 23:4)

어쩌면 마귀가 말론을 통해 그의 아내 룻을 학대하고 억압했는지도 모르겠습니다. 많은 성도가 율법에 종노릇 하는 것을 참된 신앙으로 오해하는 것처럼 말입니다. 율법의 무거운 짐을 지고 자신의 자력으로 구원을 얻으려 고단한 삶을 이어가는 것입니다.

하지만 룻은 이방 여인이라는 자신의 한계를 뛰어넘어 율법을 주신 하나님의 뜻을 바르게 이해하였습니다. 자신의 의로움을 믿으며 과거로 돌아가기를 선택했던 오르바와(룻 1:15) 달리, 그녀는 율법을 통해 의의 파산을 이루어 시어머니 나오미와 동행하기로 결단했습니다. 이런 룻의 모습에서 병들어 버려진 애굽 소년의 모습이 교차되기도 합니다. 아말렉 사람들에게 버림받아 아사 직전까지 갔던 소년이 다윗과 함께하는 것만이 살길이라 믿고 그를 좇았던 것처럼, 룻은 나오미와 동행하며 이스라엘의 하나님을 올곧게 섬기길 바랐습니다.

"내 형제들아 너희도 그리스도의 몸으로 말미암아 율법에 대하여 죽임을 당하였으니 이는 다른 이 곧 죽은 자 가운데서 살아나신 이에게 가서 우리가 하나님을 위하여 열매를 맺게 하려 함이라"(롬 7:4)

사도바울이 언급한 첫 남편은 모든 성도가 벗어나야만 하는 '율법의 오용'을 의미합니다. 그것과 작별해야만 신랑이신 예수님의 신부로 새 사람을 덧입을 수 있습니다.

결국, 룻은 예수님으로 비유되는 보아스와 재혼하여 그의 겉옷을 취하게 되었습니다(룻 3:15). 이는 영적으로 예수 그리스도의 가죽옷을 뒤집어쓴 것의 표징이 되는 사건입니다. 그로 인해 그들의 계보는 다윗과 예수님에게로 이어져 복음전도라는 거룩한 열매를 맺기에 이릅니다. 이것이 바로 사도바울이 강조하는 성도의 이혼과 재혼의 참된 의미입니다.

"여호와가 그들을 사랑하나니 너는 또 가서 타인의 사랑을 받아 음녀가 된 그 여자를 사랑하라 하시기로"(호 3:1)

호세아는 하나님의 음성을 듣고 창녀 고멜과 결혼했습니다. 그런데 고멜은 단순히 몸을 파는 여성이 아니라 바알의 신전에서 성관계를 통해 점괘를 치는 무당이었습니다. 그런데 그런 고멜이 누구를 사랑하게 되었습니까? 하나님의 선지자 호세아를 사랑하게 된 것입니다. 그를 사랑했으니 혼인하여 자녀까지 낳았던 것입니다. 여기에서 고멜이 호세아와 혼인하였다는 것은 자신의 그릇된 신앙의 방식을 내려놓고 여호와 하나님을 구주로 영접하였다는 것을 의미합니다. 즉 옛 남편이었던 바알과는 완전히 작별하고 새 남편되신 예수와 재혼하는 것과 같은 의미입니다(호세아 이름의 뜻은 '구원'이고, 이는 예수의 구약식 이름입니다).

그런데 고멜의 신앙이 흔들리기 시작했습니다. 그녀는 호세아와 함께하는 삶에 권태를 느껴 또다시 전남편에게로 돌아가 몸을 팔았고 우상의 제물까지 취했습니다. 하지만 그녀를 향한 하나님의 사랑은 신실하였습니다. 마음이 무너진 호세아를 달래어 바알에게 사로잡힌 고멜을 다시 구원해 오신 것입니다.

"그러나 죄가 기회를 타서 계명(율법)으로 말미암아 내 속에서 온갖 탐심을 이루었나니…"(롬 7:8)

고멜의 문제점은 율법을 오해한 데에 있었습니다. 원죄의 작용은 끝없이 율법의 의도를 오해하게 하여 온갖 '탐심'을 이루어냅니다. 신앙을 이용하여 거부가 되길 바라고, 자신의 죄를 꼭꼭 숨겨 유명세를 탐하게 합니다. 이런 의미에서 고멜은 예수님이 아니라 세상의 부정한 것을 탐하는 미숙한 성도들이라 말해도 틀리지 않습니다.

하지만 그렇다고 하여도 하나님께서 허락하신 율법에 오점이 있다는 말은 결코 아닙니다. 오히려 사도바울은 율법을 거룩하고 선하고 완전한 것이라 소개하고 있습니다(롬 7:12).

율법의 참된 의도는 사람의 불완전함과 원죄를 깨달아 신랑되신 예수께로 돌아가게 하는 것입니다. 하지만 문제는 우리 안에 자리하고 있는 원죄입니다. 사탄은 그 원죄를 이용하여 우리가 율법을 오해하게 만들고 율법을 우상숭배의 수단으로 만들었습니다. 그래서 탐욕에 빠진 신자들은 율법을 극히 주관적인 자기 해석으로 변질시키기 일쑤였습니다. 자기 의를 선전하기 위해서 율법을 악용하며 하나님의 영광을 가리고 있는 게 슬픈 현실입니다.

묵상을 이어가던 어느 순간, 제 안에 자리 잡은 고멜이 보이기 시작했습니다. 신앙의 고삐를 조금만 늦추면 여전히 물질에 관심이 가고 나를 위한 야심에 사로잡히곤 했습니다. 그렇다고 하나님께서 바라시는 참된 신앙의 실체를 모르는 것도 아닌데 말입니다.

"오호라 나는 곤고한 사람이로다 이 사망의 몸에서 누가 나를 건져내랴 우리 주 예수 그리스도로 말미암아 하나님께 감사하리로다…"(롬 7:24-25)

사도바울의 심정도 저와 다르지 않았던 것으로 보입니다. 여전히 세상에 이끌리는 음란한 자신이 고멜과 다를 바가 없다며 절망했을 것입니다. 하지만 그때마다 바울은 신랑되신 예수님을 바라보았습니다. 고멜과 같은 자신을 늘 용서하시는 예수님의 품이 그에게는 유일한 소망이었을 것입니다.

"내가 바알들의 이름을 그의 입에서 제거하여 다시는 그의 이름을 기억하여 부르는 일이 없게 하리라"(호 2:17)

"진실함으로 네게 장가 들리니 네가 여호와를 알리라"(호 2:20)

성경은 거듭해서 '구별'을 강조합니다(출 33:16). 룻이 율법의 오용에서 벗어나 나오미를 따라 베들레헴으로 향했던 것처럼, 인간의 자력만이 부각되는 완악한 세상에서 분리되어 하나님의 은혜만을 추구하는 자들과 동행해야만 참된 신앙을 이어 갈 수 있습니다.

그리스도의 신부로 재혼하여 그와 기쁨으로 동행하기 위해서는 반드시 세상과의 작별이 절대적입니다. 출애굽 했던 이스라엘 백성들처럼 거친 들에서 하나님의 음성을 듣는 것이 날마다 세례와 부활을 실현하는 유일한 길입니다.

46 롯의 처를 기억하라

"롯의 처를 기억하라"(눅 17:32)

게으름에 빠졌던 다윗은 나라가 전쟁 중임에도 태평하게 낮잠을 자다가 사탄의 미혹에 걸려 넘어지고 말았습니다. 밧세바가 목욕하는 모습이 눈에 들어오자 그만 정욕에 빠져들고 만 것입니다. 결국, 그는 밧세바를 간음하였고, 그녀의 남편 우리아를 죽음으로 내몰고 말았습니다.

말씀을 읽을 때마다 밧세바의 외모가 궁금해지는 것을 참을 수 없습니다. 도대체 얼마나 아름다웠기에 전쟁 가운데 있는 한 나라의 왕의 마음을 사로잡고 만 것일까 하는 것입니다. 하지만 성경은 그녀의 미모보다 다윗의 시각에 문제가 있었음을 꼬집고 있습니다.

"… 한 여인이 목욕을 하는데 심히 아름다워 보이는지라"(삼하 11:2)

성경은 밧세바가 "얼마나 아름다웠는지"를 기록하지 않았습니다. 단지 다윗의 눈에 "심히 아름다워 보이는지라"라고 했습니다. 즉 사탄의 미혹을 받았던 다윗의 안목에 문제가 있음을 드러내는 것입니다.

어쨌든 다윗은 그렇게 범죄의 나락으로 떨어졌습니다. 그리고 그릇된 시각으로 시작된 그의 범죄는 참혹한 결과로 이어졌습니다. 사랑하는 자녀를 잃었을 뿐 아니라 신하와 백성들에게도 신임을 잃게 되었습니다.

어린 시절 딸은 '파워레인저'라는 애니메이션을 좋아했습니다. 다른 여자아이들은 예쁜 공주들이 등장하는 애니메이션을 좋아했지만 유별난 딸은 오직 '파워레인저'를 고집했었습니다. 그런데 문제는 파워레인저만 좋아하는게 아니라 때때로 자신을 파워레인저로 오인한다는 것이었습니다. 파워레인저가 사용하는 총과 칼을 마구 휘두르며 저를 공격할 때면 딸아이가 정상이 아닌가 의심이 들 정도였습니다.

그러던 어느 날, 딸을 바라보다 문득 지난날 제 모습을 회상하게 되었습니다.

중학생 시절 난생처음 친구들과 극장에 간 일이 있었습니다. 그날 우리가 본 영화는 '장군의 아들'이었습니다. 남학생들이라면 누구나 좋아하던 액션 영화였었는데 처음부터 끝까지 흥미진진하게 관람했던 기억이 있습니다. 그런데 영화가 끝난 뒤에 제 태도에 문제가 생겼습니다. 영화에 등장한 건달들을 흉내 내면서 말과 행동이 불량스럽게 변해가고 있었던 것입니다. 그날 하루는 건들거리면서 어찌나 침을 뱉어 댔는지 입에 침이 다 마를 지경이었습니다. 아니 그것도 모자라 한동안 엄마에게 가죽 잠바를 사달라고 졸라대기도 했었습니다. 영화에 등장하는 그 주인공을 흉내 내고 싶었던 것입니다. 물론 가죽 잠바는커녕 매만 실컷 두들겨 맞았습니다.

딸아이의 모습과 지난 시절 제 모습을 회상하면서 사람에게 시각 효과가 미치는 영향이 얼마나 지대한지를 새삼 공감하게 됩니다. 시선이 향하는 것은 결국, 마음에 담기게 되어있기 때문입니다. 그래서 예수께서는 눈을 몸의 등불이라 하셨습니다(눅 11:34). 우리가 무엇을 주목하든지 결국 그것이 우리의 마음을 사로잡을 거라고 경고하신 것입니다.

"여자가 그 나무를 본즉 먹음직도 하고 보암직도 하고 지혜롭게 할 만큼 탐스럽기도 한 나무인지라"(창 3:6).

그릇의 가치는 모양의 어떠함에 따라 결정되는 것이 아닙니다. 그릇은 만들어진 재료나 모양도 중요하시만, 더 중요한 것은 무엇을 담느냐에 따라 그 가치가 달라집니다. 아무리 좋은 금으로 만든 그릇이라 해도 그 안에 오물이 담겨있다면 그것은 오물통이고, 질그릇이라 할지라도 그 안에 보석이 담겨있다면 그것은 가치 있게 쓰임 받는 보석함이 됩니다(고후 4:5-7).

지금도 가끔, 예전 버릇이 나올 때가 있습니다. 허망한 것에 이끌려 삐딱해지는 것입니다. 무슨 말이냐면 가끔 텔레비전이나 스마트폰에 지나치게 빠지곤 하는데 그로 인한 어이없는 제 모습을 고발해 보려는 것입니다.

화려한 집을 소개하고 그곳을 매매하는 프로그램이나 유명 연예인들의 허세 넘치는 삶을 보여주는 프로그램, 세속적인 성공을 거머쥔 자들의 강연 프로그램을 볼 때면 저도 모르게 마음이 흔들리게 됩니다. 말씀에서 멀어져 창조주 자리를 탐하며 과시를 떠는 그들에게 현혹되어 세상에서 성공한 사람들처럼 온갖 부를 누리고 여유를 즐기며 사는 모습을 그려보곤 합니다. 시편 기자가 복 있는 사람은 세상을 경계하며 주야로 하나님의 말씀을 묵상한다고 했지만, 잠시 한눈을 팔면 사탄의 올무에 걸려 세상 사람들에게 물드는 제 어리석은 모습입니다.

"롯의 아내는 뒤를 돌아보았으므로 소금 기둥이 되었더라"(창 19:26)

롯의 아내가 소금 기둥이 된 원인이 무엇인지 우리는 너무 잘 알고 있습니다. 세상에 미련을 두고 그것을 뒤돌아 보았기 때문입니다. 그 순간 그녀는 생명을 잃고 말았습니다. 어쩌면 향락을 좋아하는 세상 사람들이 육으로는 살았으나 영으로 죽은 상태인 것을 빗대어 말하는 것인지도 모릅니다(딤전 5:6). 아담과 하와가 에덴에서 쫓겨난 이유도 다르지 않습니다. 선악과에 이끌려 그것을 바라본 것이 화근이 되어 에덴에서 쫓겨나 사망에 이르게 되었습니다. 눈에 보이는 것이 마음에 담기는 순간 탐욕에 이끌리게 되었고 안타깝지만 원하는 어떤 것도 얻지 못했다는 게 공통점입니다.

보는 것은 사람의 인생에 미치는 영향력이 가히 지배적입니다. 아무리 사소한 것이라도 무엇을 보느냐에 따라 정체성도 달라질 수 있기 때문입니다. 따라서 롯의 아내에게 임한 저주를 피하려면 세상에 눈을 감고, 하나님의 부르심에 눈 뜨기를 힘써야 합니다.

47 내 가정을 초월한 신앙

"… 이는 밭과 집 있는 자는 팔아 그 판 것의 값을 가져다가 사도들의 발 앞에 두매 그들이 각 사람의 필요를 따라 나누어 줌이라 구브로에서 난 레위족 사람이 있으니 이름은 요셉이라 사도들이 일컬어 바나바라 하니 그가 밭이 있으매 팔아 그 값을 가지고 사도들의 발 앞에 두니라"(행 4:34-37)

오랜 시간 신앙생활을 이어온 자들이라면 '욕심'이라는 주제로 아나니아와 삽비라에 관한 설교를 지겹도록 들었을 것이라 짐작됩니다. 그런데 무언가 찜찜함을 멈출 수가 없습니다. 이유인즉 말씀을 읽을수록 제가 알고 믿고 있던 하나님과는 어딘가 모르게 이질감이 느껴지기 때문입니다. 사랑의 하나님께서 어디 헌금을 좀 가로챘다고 해서 사람을 죽이기까지 하시는 분이란 말입니까?

이 말씀을 묵상할 때면 줄곧 어릴 적에 헌금을 가로채다 부모님께 발각되었던 일이 생각납니다. 하나님께 드릴 헌금을 오락실에서 허비하다 걸려서 아나니아와 삽비라 이야기를 들으며 흠씬 매를 맞았기 때문입니다. 하지만 성경을 통해 믿음의 선조들 삶을 묵상하다 보면 살인과 간음죄를 범하고도 하나님으로부터 용서를 받은 내용이 흔하게 등장합니다. 솔직히 그러한 아이러니가 제 마음을 복잡하게 만들었습니다. 어쩌면 아나니아와 삽비라 부부의 이야기도 물질에 대한 욕심이 핵심 내용이 아닐지도 모른다는 생각이 들었습니다.

사실 성령의 강력한 임재하심이 두드러졌던 초대교회에는 자신의 소유를 팔아 가난한 자들과 통용하는 것이 흔한 일이었습니다(행 2:44). 그리스도의 공동체라는 이름 아래, 모두가 한 식솔이 되어 생활했던 것입니다. 그중에 요셉이라 불리었던 바나바의 헌신이 한눈에 들어옵니다. 그 이유는 아나니아와 삽비라에게 임한 저주를 풀 수 있는 열쇠가 되기 때문입니다. 그들은 모두 헌신 된 자들이었습니다. 일부를 드렸든 전부를 드렸든, 주의 몸 된 교회를 위하여 헌신했다는 사실만으로도 오늘날 이기심에 사로잡힌 성도들에게는 도전을 주기에 충분한 모습이라 할 수 있습니다.

"아나니아라 하는 사람이 그의 아내 삽비라와 더불어 소유를 팔아 그 값에서 얼마를 감추매 그 아내도 알더라 얼마만 가져다가 사도들의 발 앞에 두니"(행 5:1-2)

하지만 성경은 그들이 드리는 헌물의 액수보다 헌신을 작정했던 그 때, 그들이 처했던 서로 다른 환경에 주목합니다. 아나니아와 삽비라 부부는 서로 협의하여 집을 판 값에서 일부를 감추고 헌금으로 드렸을 것으로 유추할 수 있습니다. 반면 바나바는 누구와 상의도 없이 밭을 판 값을 온전히 사도들 발 앞으로 가져갔습니다. 이러한 그의 모습을 통해 그가 가졌던 신앙의 깊이를 유추할 수 있는 것은 왜일까요? 하나님의 뜻을 깨달은 그는, 주위 사람들의 의사와는 관계없이 자신의 것을 모두 헌신

하였습니다. 단순히 많은 헌금을 드리는 외적인 행위보다 그 안에 감추어져 있는 하나님과의 깊은 관계가 부각되는 장면이라 할 수 있습니다.

"그의 아들을 이방에 전하기 위하여 그를 내 속에 나타내시기를 기뻐하셨을 때에 내가 곧 혈육과 의논하지 아니하고"(갈 1:16)

출애굽기를 통하여 마주하는 모세의 삶과 사역은 가히 외로움의 극치를 보여줍니다. 그는 하나님의 부르심에 순종하여 출애굽에 이르렀고 가족들과도 생이별하는 아픔까지 감당해야 했습니다. 물론 광야 생활 중에 가족과 다시 만나는 기회가 주어졌습니다. 장인 이드로가 도움이 필요했던 모세를 위해 아내와 아들들을 보내주었던 것입니다.

역지사지의 마음을 품으면 그들의 모습이 놀랍기 그지없습니다. 히브리인들을 애굽에서 탈출시키라는 하나님의 부르심에 순종하는 모세. 그리고 기꺼이 그를 보내며 기도로 응원하는 아내 십보라와 그의 아들들. 모세는 아나니아와 삽비라처럼 가족회의를 열어 하나님께 얼마 동안 헌신할 것인지 논의하고 결정하지도 않았습니다. 언제 어디서 끝날지 모르는 가나안을 향한 대장정이었지만, 모세는 자신을 하나님께 드리기로 하였습니다. 하지만 가족과 떨어져 있었다고 서로를 향한 마음조차 단절된 것은 아니었습니다. 눈에 보이지 않았지만 필경 서로를 위해 날마다 중보하며 기다렸으리라 생각됩니다. 그랬기에 모세는 맡겨진 사명에 매진하며 연단 중에도 견뎌낼 힘을 얻었을 것이고 광야에서도 외로움을 떨쳐낼 수 있었을 것입니다.

하나님의 영광만을 바라며 가족과 분리되었던 모세의 헌신은 사도바울의 사역에도 고스란히 드러납니다. 사실 그의 삶이 더욱 빛나는 이유는 그의 순전한 헌신 때문입니다. 그는 혈육과도 의논하지 않고 확고한 주님의 부르심을 선택하였습니다.

> "… 네게 아직도 한 가지 부족한 것이 있으니 네게 있는 것을 다 팔아 가난한 자들에게 나눠 주라 그리하면 하늘에서 네게 보화가 있으리라 그리고 와서 나를 따르라 하시니"(눅 18:22)

아나니아와 삽비라에게서 뜨거운 부부애를 느낄 수 있습니다. 세상은 그들을 빌어 금슬 좋은 부부라 칭할 수 있을지 모릅니다. 하지만 성경은 이기적인 사욕을 초월하지 못한 불의한 결과로 그들이 하나님께 저주를 받은 것이라 기록하고 있습니다. 어쩌면 이것이 인간관계의 한계가 아닐까요? 하나님과의 관계가 선행되지 않는 모든 관계가 결국 사특한 제 유익을 초월하지 못하여 하나님께 저주를 받게 되는 것입니다.

> "여자가 그 나무를 본즉 먹음직도 하고 보암직도 하고 지혜롭게 할 만큼 탐스럽기도 한 나무인지라 여자가 그 열매를 따먹고 자기와 함께 있는 남편에게도 주매 그도 먹은지라"(창 3:6)

하나님께서 인간을 사회적인 존재로 창조하신 이유가 무엇일까요? 바로 예배 때문입니다. 하나님과 관계 맺고 그분을 깨우치고 그분께 영광 돌리기 위해서 우리에게 관계의 욕구를 허락하신 것입니다. 물론 마귀가 그러한 하나님의 의도를 모를 리 없습니다. 하와를 미혹하여 하나님과의 관계를 가로막고 자신을 따르도록 미혹하지 않았던가요? 결국,

자기 부부의 유익만을 바라던 그들은 선악과를 취하고 말았습니다. 어리석었던 아담과 하와의 모습에서 아나니아와 삽비라의 모습이 교차합니다.

관계의 출발은 하나님으로 풀어가야 합니다. 그래야만 모든 인간관계도 바르게 세워갈 수 있으며 그로 인하여 하나님께 영광을 돌릴 수 있습니다. 무엇보다 그리스도인의 관계가 예배를 중심으로 세워지길 소망합니다. 예배가 회복되고 하나님과의 관계가 온전하게 세워질 때, 욕심을 따르는 위선적인 헌신이 아닌 성령 충만과 믿음으로 드려지는 온전한 헌신이 시작될 수 있습니다.

48 더 존귀한 자

"야베스는 그의 형제보다 귀중한 자라 그의 어머니가 이름하여 이르되 야베스라 하였으니 이는 내가 수고로이 낳았다 함이었더라 야베스가 이스라엘 하나님께 아뢰어 이르되 주께서 내게 복을 주시려거든 나의 지역을 넓히시고 주의 손으로 나를 도우사 나로 환난을 벗어나 근심이 없게 하옵소서 하였더니 하나님이 그가 구하는 것을 허락하셨더라"(대상 4:9-10)

저는 애완견을 좋아합니다. 그래서 지금까지 총 여덟 마리의 애완견을 키웠습니다. 그중 가장 기억에 남는 애완견은 '도끼'라는 이름을 가진 코카스파니엘이라는 종의 강아지였습니다. 그런데 재미있게도 '도끼'는 제 말을 잘 듣는 개가 아니었습니다. 이름을 부르면 제 손에 무엇이 있는지부터 살피고 제 손에 먹을 것이 없으면 저를 쳐다보지도 않던 얄미운 개였습니다. 그런데 그렇게 말도 안 들었던 '도끼'가 왜 가장 기억에 남는 것일까요?

'도끼'라는 개는 잔병이 참 많았습니다. 귀에 염증을 달고 살았고 몸에 피부병도 있었습니다. 그래서 주인인 제가 없이는 절대 살 수 없는 연약한 개였습니다. 비록 말은 안 들었지만, 녀석도 저를 많이 좋아했었습니다. 제 발소리라도 들리면 그걸 알아듣고 항상 앓는 소리를 내며 어리광을 부리곤 했으니 말입니다.

'도끼'를 키웠던 때, 제가 살던 마을에는 진돗개 두 마리가 있었습니다. 그 덩치 큰 진돗개는 심심하면 저희 집으로 내려와 종종 '도끼'를 괴롭히곤 했습니다. 그래서 '도끼'는 항상 진돗개 소리가 나면 겁을 먹고 자기 집에 들어가 밖으로 나오지 않았습니다. 그런데 신기하게도 저와 함께 있을 때면, 이전과는 전혀 다른 모습으로 변했습니다. 진돗개가 찾아와도 제가 있으면 으르렁거리며 오히려 선제공격을 했던 것입니다. 아마도 주인이 있음을 알기에 저를 의지하고 용기를 냈던 것 같습니다. '도끼'는 제가 마당에 앉아있으면 제 손에다 자기의 아픈 곳을 갖다 대곤 했습니다. 그러면 저는 어김없이 약을 발라주고 치료를 해주었습니다. 그만큼 '도끼'는 연약한 존재였습니다.

> "야베스가 이스라엘 하나님께 아뢰어 이르되 … 주의 손으로 나를 도우사 나로 환난을 벗어나 근심이 없게 하옵소서 하였더니 하나님이 그가 구하는 것을 허락하셨더라"(대상 4:10)

야베스는 분명 그의 어머니에게 수고의 대상이었습니다. 정확한 이유는 알 수 없지만 저는 그가 스스로 해결할 수 없는 장애를 소유한 사람이 아니었을까 생각해봅니다. 제가 그렇게 추측한 이유는 그가 하나님께 드린 기도 때문입니다. 사실 태생이 악한 인간이 하나님께 상달되는 기도를 드리는 것은 쉬운 일이 아닙니다. 사람은 자신이 스스로 생존할 수 없다는 것을 깨달을 때 비로소 하나님을 찾고 진심으로 간구할 수 있기 때문입니다. 야베스는 자신의 고난을 오직 하나님만이 해결하실 수 있다고 믿었습니다. 그래서 기도로 하나님만을 의지했던 것입니다. 그 결과 야베스는 하나님께 '그 형제보다 존귀한 자'라는 칭함을 얻게 되었습니다.

제가 키우던 '도끼'를 떠올리며 자주 하나님의 마음을 느낍니다. 주인의 도움 없이는 살 수 없었던 연약한 강아지... 저에게 도끼는 가장 사랑스러운 애완견이었습니다.

여전히 완악한 세상은 자력을 가진 인간을 치켜세우지만, 약함으로 하나님을 의지하며 살았던 야베스처럼 오직 하나님의 은혜로만 살아가는 예배자가 되고 싶습니다.

49 죽는 자들은 복이 있도다!(계 14:13)

"너희가 어찌하여 떠들며 우느냐 이 아이가 죽은 것이 아니라 잔다"(막 5:39)

야이로의 딸아이가 죽음에 이르자 많은 조문객이 운집하였습니다. 일반적으로 생각하는 장례식장의 분위기 그대로였습니다. 울며 곡하는 사람들, 슬픔을 위로하여 조문하는 사람들로 떠들썩했습니다(막 5:38). 그런데 장례식장에 나타나신 예수께서 그 슬픔의 분위기에 찬물을 끼얹는 말씀을 하셨습니다.

아무리 생각해도 생명이 끝난 상태가 분명하고 확실한데, 어이없게도 주님께서는 아이가 죽은 것이 아니라 '잔다'라고 말씀하셨습니다.

"이 말씀을 하신 후에 또 이르시되 우리 친구 나사로가 잠들었도다 그러나 내가 깨우러 가노라"(요 11:11)

예수께서는 나사로의 죽음을 대하실 때도 같은 말씀을 하셨습니다. 물론 사람들의 생각이 전적으로 틀린 것은 아닙니다. 분명하게 말하지만 야이로의 딸이나 나사로가 깊은 잠에 빠져 있다는 생각을 할 수 있을 만큼, 실제로 숨이 끊어졌고 죽음의 상태에 있었습니다. 이미 부패가 시작되어 악취가 나고 있었을지도 모를 일입니다(요 11:14).

예수님께서 사망을 '잠'으로 묘사하신 이유를 깨달아야 합니다. 말씀 되시는 예수님만이 세속에 물든 성도의 영혼을 깨우쳐 다시 살리실 수 있기에 그렇게 표현을 하셨던 것입니다. 하지만 대개의 독자는 예수님의 행적을 표면적인 기적으로만 이해하려 합니다. 문제는, 그러한 이해의 방식이 사건을 통해 전달하고자 하는 메시지를 놓치게 만든다는 사실입니다.

"그들이 그 죽은 것을 아는 고로 비웃더라"(눅 8:53)

말씀을 조금만 주의해 들여다보면 장례식을 찾은 자들의 외식을 쉽게 감지할 수 있습니다. 조금 전까지만 해도 딸을 잃은 아비의 슬픔을 위로한답시고 울고불고 호들갑을 떨던 사람들입니다. 그런데 예수께서 '잔다'라고 하시는 말씀 한마디에 그만, 그들은 자신들의 속내를 들키고 말았습니다. 주님이 하신 말씀이 너무 어이가 없어서 그런 태도를 보였다고 할 수도 있겠지만 어린 딸의 죽어가는 모습을 바라보며 애처로웠을 아비의 심정에서 접근하면, 그들의 이런 반응은 서운하다 못해 참으로 괘씸하지 않을 수 없습니다. 아무리 생각해도 그들은 야이로의 딸이 병에서 나아 건강하게 회복되길 바라는 간절함이 처음부터 아예 없었던 것 같습니다.

다른 종교와 달리 기독교가 지향하는 영생에는 사망이라는 조건이 따라붙습니다. 즉 옛 자아가 죽어야만 새사람을 입어 부활을 경험할 수 있는 것입니다(롬 6:8, 엡 4:24). 하지만 오늘날을 살아가는 성도들은 성경이 말하는 사망의 참된 의미를 깨닫지 못한 채, 영생을 사후에 경험하는 신비로만 이해합니다. 이웃의 죽음 앞에 외식적으로만 위로하였던 자들의 문제점이 바로 그것입니다. 예수님이 말씀하시는 사망과 부활에는 관심을 두지 않은 채, 구전을 통해서 전해 들은 천국입성에만 관심이 쏠리는 것입니다. 결국, 그런 자들이 형식적 신앙에 사로잡히게 됩니다. 말과 혀로만 형제를 사랑하고 성전 뜰만 밟으면서 뻔뻔하게 천국을 소망하는 것입니다(사 1:12).

"향락을 좋아하는 자는 살았으나 죽었느니라"(딤전 5:6)

"그러므로 이르시기를 잠자는 자여 깨어서 죽은 자들 가운데서 일어나라 그리스도께서 너에게 비추이시리라 하셨느니라"(엡 5:14)

성경이 말하는 '부활신앙'이란 육체의 쾌락에서 잠을 깬 상태를 일컫습니다. 물질의 유익만을 추구하는 이기적이고 상업적인 방식을 내려놓고 복음으로 새롭게 되어 하나님의 영광을 위해 힘쓰는 것이 참된 사망과 부활의 실체입니다.

"그들이 비웃더라 예수께서 그들을 다 내보내신 후에 아이의 부모와 또 자기와 함께 한 자들을 데리시고 아이 있는 곳에 들어가사"(막 5:40)

예수께서는 사망과 부활을 오해한 자들을 내쫓기로 결단하셨습니다. 어린 딸의 소생에 어떠한 도움도 될 수 없는 그들과 분리되어 소녀를 일으키시려 작정하신 것입니다. 사망이 전제되지 않은 영생을 꿈꾸며 신비적인 구원을 상상하는 어리석음을 멈추어야 합니다. 천국은 사후에만 경험하는 것이 아닌, 날마다 옛사람과 갈등하며 복음으로 새사람을 입는 자에게 임하는 실제적인 하나님의 나라입니다.

"또 내가 들으니 하늘에서 음성이 나서 이르되 기록하라 지금 이후로 주 안에서 죽는 자들은 복이 있도다 하시매 성령이 이르시되 그러하다 그들이 수고를 그치고 쉬리니 이는 그들의 행한 일이 따름이라 하시더라"(계 14:13)

50 사랑의 증거

"지혜로운 아들은 아비의 훈계를 들으나 거만한 자는 꾸지람을 즐겨 듣지 아니하느니라"(잠 13:1)

비가 오는 어느 날이었습니다. 차를 타고 이동하는데 갑자기 길이 막히기 시작했습니다. 거북이걸음으로 운행을 하는데 갑자기 앞에 있던 차가 유턴을 시도했습니다. 그때 저는 경적을 울리며 유턴하려는 차에 경고를 보냈습니다. 그 이유는, 조금 전 지나온 길 반대편에 교통법규 위반 차량 단속 중인 경찰을 보았기 때문입니다. 하지만 경적이 유턴하던 운전자에게 기분 나쁘게 들렸었는지 창문을 내리더니 고개를 내밀고 저를 째려보기 시작했습니다. 그의 눈은 마치 이렇게 말하는 듯했습니다. '네가 뭔데 내가 불법 유턴을 한다고 경적을 울려?!' 어찌 되었을까요? 백미러를 통해 확인했는데 그 운전자는 결국, 경찰에게 잡혀 딱지를 끊기고 말았습니다. 불법 유턴을 했던 운전자는 제가 보낸 신호를 오해하고 무시했던 것을 아마 많이 후회했을 것입니다. 경적을 울렸을 때, 한 번쯤 주위를 살펴보았더라면 비싼 벌금도 물지 않았을 것입니다.

요즘 성도들은 쓴소리를 정말 싫어합니다. 하나님 말씀에 순종도 하지 않으면서 무조건 자신에게 들려오는 경고를 반발하고 거부하기만 합니다. 그렇더라도 저는 목사로서 잘못된 길을 가고 있는 성도를 보면 모른 척할 수가 없습니다. 그 결과가 뻔하다는 걸 너무 잘 알고 있기 때문입니다.

"무릇 내가 사랑하는 자를 책망하여 징계하노니 그러므로 네가 열심을 내라 회개하라"(계 3:19)

하나님은 사랑하는 자를 더 많이 책망하시고 징계하시는 분이십니다. 왜냐면 하나님은 자기 자녀들을 끝까지 사랑하셔서 온전하게 성화되기를 포기하지 않으시는 분이시기 때문입니다. 그러나 반대로, 하나님께서는 유기된 세상 사람들에 대해서는 그리 유별함이 없으십니다. 이미 하나님을 떠난 이들이므로 어떤 불법을 더 행한다 해도 오히려 모른척 하십니다. 그래서 악인의 형통이란 게 존재하는 것입니다. 하지만 종종 성도가 악인이 불법으로 형통케 되는 모습을 부러워하며 유혹에 빠지는 경향이 있습니다(잠 24:1).

딸이 어렸을 적에 처음 칼을 가지고 놀았던 때가 생각납니다. 어린 아이의 눈에 칼이 얼마나 신기했을까요? 자신이 원하는 모양으로 종이를 자를 수도 있고, 마음에 들지 않는 부분은 도려낼 수도 있으니 정말 재미있는 놀이도구를 만났다 싶었을 것입니다. 하지만 그런 딸의 모습을 보고 제가 어떤 반응을 했을까요?

어린 딸은 엄하게 야단치는 아버지로 인해 즐기던 놀이를 멈추고 말았습니다. 딸이 위험을 모르고 칼을 맘대로 가지고 놀다가 더 큰 사고가 날 수도 있기에 딸을 아끼는 마음으로 경고를 날리지 않을 수 없었습니다. 이것이 하나님이 저를 사랑하는 방식이었습니다. 그때부터 딸은 칼을 가지고 놀지 않았습니다. 칼의 위험성을 알아서가 아닐 겁니다. 그것을 가지고 놀면 아빠가 싫어한다는 것을 알았기 때문입니다.

책망과 징계는 하나님 사랑의 증거입니다. 사랑이 없으면 관심이 없고, 사랑이 없으면 무슨 일이 벌어져도 무관심합니다. 그러나 자녀를 향한 아버지의 사랑은 그것과 반대입니다.

"내 아들아 네 아비의 훈계를 들으며 네 어미의 법을 떠나지 말라"(잠 1:8)

51 누구의 말을 들을 것인가?

"백부장이 선장과 선주의 말을 바울의 말보다 더 믿더라"(행 27:11)

세상에 존재하는 모든 지식 그 위에 신지식(신학)이 자리 잡고 있습니다. 왜냐면 세상 지식은 어떠한 문제를 해결할 때에 '보이는 현상'만을 연구하므로 해결책을 찾으려 하지만, 신지식(신학)은 보이는 현상이 아닌 '보이지 않는 영적인 세계'에서 그 문제의 해답을 찾기 때문입니다(보이는 것은 보이지 않는 것에 예속되어 있습니다). 안타까운 현상이지만 오늘날 교회 안에는 신학에 대한 권위가 현저히 떨어져 있습니다. 성도들이 삶의 문제가 생겼을 때 목회자를 신뢰하므로 원인을 찾고 해결하기보다 세상 사람들이 만들어 놓은 지식을 찾아다니며 해답을 얻으려는 현상이 두드러지는 것입니다.

전도사라는 식분으로 처음 교회를 섬길 때의 일이었습니다. 그 교회에는 유난히도 헌신적인 한 자매가 있었습니다. 결혼을 앞두고 배우자를 위해 기도하며 응답을 구하던 중이었는데, 어느 날 제게 상담을 요청해 왔습니다. 자신과 결혼하려는 상대 남자의 외적인 조건이나 재정적인 형편이 몹시 마음에 든다며 이야기를 꺼냈습니다. 하지만 그가 불신자라서 마음에 걸린다는 것이었습니다. 그때 저는 자매의 편을 들어 결혼해도 괜찮다고 해야 할지, 아니면 성경적 관점으로 단호하게 조언을 해야 할지 고민이 되었습니다. 아니 결혼해서 살면서 전도해도 되니 용기를 가지라고 격려하는 것도 그리 나쁘지 않을 것 같다는 생각도 들었습니다.

그러나 저는 냉정하면서도 단호하게, '불신자 남성과 결혼하는 것을 하나님께서 기뻐하실 리가 없다'라는 조언을 해주었습니다. 아니나 다를까, 자매는 얘기를 듣자마자 표정이 굳어지기 시작했습니다. 자신은 그 사람을 사랑하는데 결혼해서 복음을 전하면 되지 않느냐며 도리어 따지듯 되물었습니다. 상담 이후, 자매와의 관계는 어색해졌습니다. 결국, 자매는 그 남성과 결혼을 결정했고 혼례를 치렀습니다. 그리고 오래지 않아 교회를 떠나고 말았습니다.

문제가 있는 성도들은 저마다 나름 자신만의 해결책을 가지고 있는 것 같습니다. 목회자에게 도움을 청하면서도 자신이 옳다고 생각하는 그 무엇인가를 포기하지 못하는 것입니다. 목회자의 권면을 따르기보다는 자신의 견해가 옳다는 것을 인증받고 확인받으려 찾아오는 일이 다반사입니다. 더러는 목회자의 조언을 기쁨으로 받아들이기도 하지만, 많은 경우는 목회자의 조언을 또 다른 하나의 견해쯤으로 여기는 경향도 다분합니다. '목사도 인간인데, 사회적 경험은 내가 더 많은데, 내가 지식이 더 풍부한데, 목사님은 세상을 몰라도 너무 모른다'라면서 귀를 닫습니다. 물론 목회자라 해서 성도들보다 지식과 경험이 더 풍부해서 뛰어난 판단을 할 수 있는 게 아닙니다. 그러나 인간적으로, 아무리 사회적 경륜이 풍부하고 고상한 지식을 겸비했다 하여도 그것은 하나님의 영광을 배제한 잡지식에 불과합니다.

자매가 교회를 떠난 지 몇 년 뒤에 우연히 소식을 전해 듣게 되었습니다. 자세한 내막을 다 알 수는 없었으나 결혼 후 얼마 되지 않아 이혼하게 되었고, 지금은 혼자 아들을 키우며 어렵게 생활하고 있다는 이야기였습니다.

그리스도인에게 꼭 필요한 것은 하나님의 뜻을 올바르게 이해하는 지식입니다. 말씀을 통한 경륜과 경험으로 오는 지혜가 중심이어야 한다는 것입니다. 그럴 때 말씀을 따라 생각의 방향을 바르게 결정할 수 있고, 판단의 기준을 하나님 중심으로 결정할 수 있게 됩니다.

목회의 여정에서 성도들이 보여주는 반응에 가슴이 답답할 때가 많습니다. 목회자를 마치 그들이 잘 되는 걸 배 아파하는 이기적인 사람쯤으로 판단하는 게 얼마나 슬프고 속상한지 모릅니다.

이달리야로 가던 바울과 죄인들 그리고 백부장 율리오는 항해에 어려움을 겪었습니다. 그런 위급한 상황에서 백부장 율리오는 그레데에 머물자는 바울의 권면을 무시한 채, 선장과 선주의 말을 믿고 무리한 항해를 이어갔습니다. 그 결과 어떻게 되었습니까? 율리오의 잘못된 선택으로 그들은 유라굴로 광풍을 만나 가진 소유와 배를 잃게 되고 말았습니다(행 27:17-19).

무엇이 문제였던 것일까요? 그것은 단순 명료합니다. 율리오가 신지식을 소유한 바울의 말보다, 세상 지식을 소유한 선장의 말과 물질을 소유한 선주의 말을 더 믿었던 것입니다.

"여러 사람이 오래 먹지 못하였으매 바울이 가운데 서서 말하되 여러분이여 내 말을 듣고 그레데에서 떠나지 아니하여 이 타격과 손상을 면하였더라면 좋을 뻔하였느니라"(행 27:21)

신실한 목회자를 영적인 멘토로 주시는 것은 그와 같은 실수로 위험에 빠지는 것을 가로막는 하나님의 사랑입니다. 목회자를 통해 하나님의 뜻과 경고를 받아들이는 것은 사탄이 가져오는 시험에서 새 길을 얻게 하시는 하나님의 도우심과 지혜가 될 것입니다.

52 롯의 뒤틀린 영성 (1)

"네 앞에 온 땅이 있지 아니하냐 나를 떠나가라 네가 좌하면 나는 우하고 네가 우하면 나는 좌하리라"(창 13:9)

믿음의 조상 아브라함은 분명 자신의 혈육이었던 롯에 대한 사랑이 뜨거웠습니다. 성경을 자세히 상고하면 그를 양자와 같이 대우한 것이 틀림없습니다. 그래서 함께 갈대아 우르를 떠나 하나님께서 지시하신 곳으로 떠났던 것입니다. 그리고 아비멜렉을 통해서 얻은 분깃을 롯의 몫으로 나누기까지 하였습니다(창 13:2). 그런데 언제부턴가 그들 사이에 균열이 생기기 시작했습니다. 은덕을 잊어버린 롯이 지경을 분리하여 자신만의 독자적인 세력을 키우고 싶었던 것입니다.

아브라함은 염려와 근심 속에서도 롯의 의사를 존중해 주었습니다. 롯의 마음이 사욕에 사로잡혀 하나님의 영광에서 멀어져 있다는 것을 눈치챘던 것입니다. 그토록 사랑했던 조카였지만 아브라함은 자신의 신앙을 유지하기 위해서 더 이상의 동행이 불가능함을 깨닫고 이별을 결단하게 되었습니다. 사실 롯은 하나님을 예배하며 영광 돌리는 일에는 관심이 없었습니다. 오로지 재산과 지경을 넓히는 삶만이 유일한 목표였던 것입니다. 그래서 아브라함을 떠나는 길만이 유일한 방법이라고 생각하여 애굽과 같은 소돔으로 이주를 선택했습니다.

"이에 아브람이 장막을 옮겨 헤브론에 있는 마므레 상수리 수풀에 이르러 거주하며 거기서 여호와를 위하여 제단을 쌓았더라"(창 13:18)

반면 아브라함은 그와는 정반대의 길을 선택했습니다. 물도 부족하고 풀도 많지 않은 마므레로 발걸음을 옮겼습니다. 물질이 아닌 하나님과의 동행을 목적으로 선택하는 자리가 자신의 안전과 평안을 보장함을 알았습니다. 물론 지형적 특성상 그곳에서의 정착은 많은 결핍을 만들었습니다. 하지만 그러한 상황은 오히려 신앙에 유익을 가져다주었습니다. 삶의 여러 가지 문제를 통해서 하나님을 찾고 도움을 구할 수 있었기 때문입니다. 그래서 아브라함은 척박한 그곳에서 하나님께 제단을 쌓을 수 있었습니다.

그리스도를 따르는 삶은 사실 신앙의 기간보다 신앙의 깊이가 중요합니다. 기간만을 두고 본다면 롯의 신앙은 분명 아브라함과 맞먹을 겁니다. 하지만 롯의 믿음은 크게 성장하지 못했습니다. 롯은 아브라함과 동행하며 하나님의 실존을 여러 번 체험했습니다. 아브라함의 아내 사라를 향한 육적 탐심으로 가득했던 바로에게 하나님의 재앙이 임하는 것을 목격했으며(창 12:17) 아브라함과 동행하며 헤아릴 수 없는 하나님의 축복을 받아 누리기도 하였습니다. 하지만 롯은 그러한 상황을 통해서 하나님의 성품을 깨우치기보다는 여전히 능력과 물질에만 매료되었습니다. 오랜 시간 하나님을 섬긴다고는 했지만, 부귀영화보다 더 나은 신학의 가치를 발견하지 못했던 것입니다.

소돔과 고모라는 사람의 눈에 너무나 아름답고 신비로웠을 것입니다. 그곳을 상상하며, 지난날 일본으로 단기선교를 떠났던 일이 생각났습니다. 그곳에 도착했을 때, 현지에서 사역하시던 선교사님께서 반가이 맞아주시며 우리 일행에게 조언해 주셨던 말씀이 있습니다.

"일본에는 사탄이 크게 역사합니다. 그러니 항상 깨어있어야 합니다."

선교사님의 말씀을 듣고는 실제로 귀신이 나타나 우리의 사역을 방해하게 될지 모른다는 생각에 모두 긴장을 놓지 못했습니다. 다행히 일정이 진행되는 동안 내내 아무 어려움 없이 순탄한 날을 보내고 있었습니다. 예상했던 어떤 일도 발생하지 않았습니다. 그렇게 일본에서의 선교 사역이 하루하루 지나고 있을 때 선교사님께서 대뜸 이런 말씀을 하셨습니다.

"여러분, 기도로 깨어있으십니까? 일본이라는 곳이 왜 마귀가 지배하는 곳인지 알아야 합니다. 일본은 우리의 시각을 미혹하는 것이 너무나 많아서 정신을 차리지 않으면 그것들에 사로잡히기 쉽습니다. 정신 차리고 다시 하나님을 바라보십시오."

선교사님의 말씀에 정신이 번뜩 났습니다. 일본에는 그야말로 온갖 볼거리가 널려있습니다. 선교를 위해 가는 지역마다 처음 보는 신기한 것들이 가득했는데 선교사님의 말씀을 듣고서야 종종 그것들에 사로 잡혀 마음과 시간을 빼앗겼던 모습이 떠올랐습니다. 화려한 이방 문화에 치우쳐 정작 우리 가운데 함께 하시는 하나님을 의식하지 못했다는 것이었습니다.

"여호와께서 너희의 땅에 이른 비, 늦은 비를 적당한 때에 내리시리니 너희가 곡식과 포도주와 기름을 얻을 것이요"(신 11:14)

하나님은 모세와 이스라엘 백성에게 젖과 꿀이 흐르는 가나안 땅을 찾아 나서야 하는 기나긴 여정을 세우셨습니다. 하지만 하나님께서 직접 말씀하시고 약속하신 가나안으로 향하는 여정은 몹시 고달프고 고통스러웠습니다. 젖과 꿀이 흐르는 곳이라 강조까지 하신 땅이었기에 그들은 여러 고난을 감내할 수 있었을 것입니다. 그런데 40년 만에 닿은 가나안 땅은 이스라엘 백성들이 꿈꾸던 것과는 전혀 다른 곳이었습니다. 고온 건조한 기후에 주변 지역은 사막에 둘러싸여 있었고, 토질은 석회질 바위로 뒤덮여 있는 척박한 지역이었습니다. 그래서 성경은 그곳을 물을 가두지 못하는 땅으로 표현하는 것입니다(신 11:11). 하지만 생존의 희망은 있습니다. 척박해 보이는 그곳은 묘하게도 비가 오면 곡식과 과실수가 자라 열매를 맺습니다. 물론 적절한 때에 내리는 비가 필요합니다. 특히 파종기인 가을에 '이른 비'가 내리지 않으면 농사를 시작조차 할 수 없습니다. 그리고 추수기인 봄에 내리는 '늦은 비'가 필요합니다. 늦은 비가 충분히 내리지 않게 되면 몇 달의 수고가 허사가 됩니다. 결국, 척박한 가나안 땅을 비옥한 땅으로 만드는 것은 때맞춰 내리는 '이른 비와 늦은 비'입니다. 그래서 이스라엘 백성들은 그곳에서 오직 하나님의 은혜를 소망하며 하늘을 바랄 수 있게 되는 것입니다.

"아브라함이 엉긴 젖과 우유와 하인이 요리한 송아지를 가져다가 그들 앞에 차려 놓고 나무 아래에 모셔 서매 그들이 먹으니라"(창 18:8)

성경은 아브라함을 떠난 롯의 선택이 어리석었다고 말합니다. 그러한 사실은 그가 천사를 대접하는 장면에서 간접적으로 드러납니다. 아브라함이 천사들을 여러 별미로 극진하게 대접한 것과는 대조적으로 롯은 달랑 무교병 하나로 천사들을 대접했습니다. 그런 그의 인색함을 알아서였는지 천사들도 그의 집을 방문하는 것을 꺼렸습니다(창 19:2). 소돔과 고모라에서의 풍요로운 삶이 왜 신앙을 저해하는지 알 수 있습니다. 누구나 그곳에서 머물게 되면 신앙의 필요성을 느끼지 못합니다. 굳이 하나님께 바라고 구하지 않아도 자력으로 아쉬울 것 없이 풍요를 누릴 수 있기 때문입니다.

53 롯의 뒤틀린 영성 (2)

"롯을 부르고 그에게 이르되 오늘 밤에 네게 온 사람들이 어디 있느냐 이끌어 내라 우리가 그들을 상관하리라 이르되 청하노니 내 형제들아 이런 악을 행하지 말라"(창 19:5,7)

성경은 성도의 구원을 '구별'로 정의합니다. 하나님의 경륜과 인도하심을 깨달아 세상을 경계하며 악으로부터 분리되어 살아가는 삶이 구원의 증거가 되는 것입니다. 물론 세상으로부터 구별되기까지는 사적인 욕심이나 명예를 내려놓고, 하나님의 영광과 이웃사랑을 추구하는 자기부정의 과정이 필요합니다. 인간적 의지나 도덕적 노력만으로 어떤 사람보다 더 낫다는 식의 차별로 자신의 의를 자부하려는 태도는 금물입니다. 그리스도인의 구별이란 오직 십자가의 은혜로서만 완성된다는 것을 잊지 않아야 합니다.

아브라함이 믿음의 선조가 될 수 있었던 이유도 '구별' 때문이었습니다. 그는 아버지 데라의 품을 떠나 하나님께서 인도하시는 곳으로 나아갔습니다. 기득권을 포기하는 결단을 하기까지는 절대 쉽지 않았으리라 생각됩니다. 데라가 갈대아 우르에서 잘 나가는 우상 장수였으니 그곳에 머문다면 아버지가 일궈놓은 삶의 터전을 유업으로 이어받아 인정받는 유지 가문으로도 아무 손색이 없었을 테니 말입니다.

이스라엘 백성의 출애굽도 이와 다르지 않습니다. 하나님께서 열 가지의 재앙을 통해 그들을 부추기지 않으셨다면 그들은 애굽에서의 이주를 선택하지 않았을 게 분명합니다. 부국강병을 한 그곳에 머물며 값없이 생선과 과일을 받았으니 세속적인 유혹에 사로잡혀 하나님께 받은 사명을 망각한 채 애굽에서의 종살이에 만족했을 것입니다(민 11:5).

어리석었던 롯은 속없이 소돔의 주민을 자신의 형제라 칭했습니다(창 19:7). 그러한 고백이 안타깝게 다가오는 이유는 믿음의 선조 아브라함 때문입니다.

하나님께서 소돔과 고모라를 멸하실 때, 롯에게 구원의 기회를 주셨던 이유는 아브라함의 간절한 기도 때문이었습니다(창 19:29). 다시 말해 롯에게 아브라함은 생명의 은인이라 할 수 있다는 말입니다. 그뿐 아닙니다. 롯이 전쟁포로로 사로잡혔을 때도 318명의 종을 통해 롯과 그의 일가를 구원해 주었습니다. 그런데 어리석은 롯은 완악한 소돔 사람들을 형제라 여기며 아브라함을 외면하고 말았습니다. 롯에 대한 하나님의 사랑을 누가 부정할 수 있겠습니까? 그에게 여러 번의 구원의 기회를 주심을 보면 알 수 있습니다. 소돔과 고모라에 전쟁이 일어나 극한 상황에 처했을 때도, 소돔에 유황 불비의 심판이 내려질 때도 기회가 있었습니다. 세상의 미련을 버리고 아브라함에게로 돌아갈 기회 말입니다. 하지만 롯은 아브라함에게 돌아갈 마음이 없었습니다. 그와 다시 엮인다는 건 아브라함의 지배 아래 놓이게 된다는 뜻입니다. 자신의 사유재산이 인정되지 않을 것은 자명한 일입니다. 영원히 2인자로 남을 것이기에 아브라함에게 속하는 것을 거부하였습니다. 그래서 더욱 소돔 사람을 소중히 여겼고 소돔에서의 생활에 만족했던 것입니다. 그곳에서 그는 최고의 거부와 의인이 되기를 꿈꾸었을 것입니다.

고대의 성문은 정치적인 사무 혹은 법적인 일들을 처리하는 장소로도 이용되었습니다(암 5:15). 백성의 현인으로 존경을 받던 원로들에게, 지혜로운 해법을 문의하기 위해 성문으로 모여들었던 것입니다(신 22:13-15, 룻 4:11).

실수로 사람을 죽인 살인자가 도피 성읍으로 피신하려 할 때도, 그 성읍의 성문 어귀에서 원로들에게 자기 사정을 먼저 설명해야 했습니다(수 20:3-4). 심지어 임금까지도 원로들에게 공적인 사안을 의논했으니 성문은 지금의 법원과 같은 역할을 한 셈입니다.

"저녁 때에 그 두 천사가 소돔에 이르니 마침 롯이 소돔 성문에 앉아 있다가…"(창 19:1)

롯은 권세욕이 강했던 인물이었습니다. 그래서 성문에 앉아 소돔 사람들의 법관이 되길 원했습니다(창 19:9). 소돔 사람이 천사를 강간하려 할 때도 그는 입을 열어 소돔 사람들의 행위를 꾸짖었습니다. 차라리 자신의 딸을 욕보이라며 상상하기 어려운 말을 합니다. 물론 롯이 천사들을 보호하기 위한 처사는 아니였습니다(천사들을 생각했다면, 그렇게 떡 한 조각으로 홀대할 리 없습니다). 롯은 자신의 딸을 욕보여서라도 소돔과 고모라의 주민에게 자신의 의를 과시하고 싶었을 뿐입니다.

"동틀 때에 천사가 롯을 재촉하여 이르되 일어나 여기 있는 네 아내와 두 딸을 이끌어 내라 이 성의 죄악 중에 함께 멸망할까 하노라 그러나 롯이 지체하매…"(창 19:15-16)

성경은 의인에 관해 정확히 묘사하고 있습니다. 한자 '옳을 義(의)'의 의미는 매우 흥미롭습니다. 이 한자는 '양 羊(양)'과 '나 我(아)'가 결합한 글자입니다. 즉 의로움이란 '어린양 예수가 나의 삶에 실현되는 것'으로 풀이되는 것입니다. 말씀 되시는 그분의 뜻에 순종하여 이웃에게 귀감이 되는 삶 자체가 성경이 말하는 의인의 삶입니다. 하지만 대개는 옳은 것을 알거나 옳은 말만 늘어놓는 것만을 의로움이라 착각합니다. 그러나 믿음은 말로 증명되는 것이 아닙니다. 그것은 오직 행위로 증명되는 것입니다(약 2:17). 말이 아닌 삶으로 그런 자들을 쉽게 분별할 수 있는 것입니다. 예배는 관심도 없고 성경은 아예 읽지도 않는 사람인데 자신을 향한 하나님의 예정이나 사랑을 떠들어대면 의심해봐야 합니다. 그런 이들은 기도와는 담을 쌓고 지냅니다. 그러면서도 자신의 삶 자체가 예배와 기도라고 말도 안 되는 주장을 늘어놓습니다.

롯은 천사들에게 곧 있을 재앙에 대한 예언을 들었지만, 관심 밖이었습니다. 그의 신앙의 방식이 그랬습니다. 진리를 듣거나 알지만, 그것을 따르는 것은 다른 문제로 여겼습니다. 결국엔 천사들의 손에 이끌려 성 밖으로 나갔지만, 그의 입은 잠시도 쉬지 않았습니다. 촉새처럼 쉼 없이 주절거리며 천사에게 들은 소돔의 재앙을 떠들고 다녔습니다. 물론 누구도 그의 말을 귀담아듣지 않았습니다. 그의 사위들까지 비소를 날리며 무시했으니 말입니다. 오늘날 복음 전도율이 떨어지는 이유도 이와 같습니다. 성도가 신앙을 삶으로 살아내지 못하고 말만 앞세우면 세상이 귀를 닫아버리는 것입니다. 다시 말해 롯은 성경적 의인이 아니었던 것입니다.

> "… 선지자의 상을 받을 것이요 의인의 이름으로 의인을 영접하는 자는 의인의 상을 받을 것이요"(마 10:41)

의가 없는 자가 구원을 받는 길은 의인과 함께하므로 그를 닮아가는 것뿐입니다. 하지만 롯과 같이 어리석은 자들은 눈앞에 보이는 이익이나 명성에 끌리는지라 자기보다 선한 영향력을 가진 아브라함에게 끌려 닮아가는 것을 불편하게 여깁니다. 오히려 실체도 없는 자신의 의와 능력을 과시하기 위하여 세상이 놓은 덫에 걸려 함정에 빠져들고 맙니다. 이것이 바로 사탄이 좋아하는 올무입니다. 세상에서 즐거움과 유익을 추구하며 허망한 욕심에 사로잡히면 신앙에서 이탈하게 될 것을 잘 아는 것입니다.

롯이 누구 때문에 망하게 되었습니까? 형제라고 칭했던 소돔 사람들 때문에 그는 모든 소유를 잃고 말았습니다. 그의 아내는 화려했던 소돔에 불비가 쏟아지자 간신히 몸만 피해 달아났습니다. 그러나 그녀는 자기가 두고 온 도시를 안타깝게 바라보다가 소금 기둥이 되어버렸습니다. 두 딸은 어떠했습니까? 가문을 일으키려는 사특한 생각에 사로잡혀 롯에게 술을 먹여 망측한 짓을 했습니다. 딸이 그 아비를 범하였습니다. 그렇게 태어난 암몬과 모압이 이스라엘 민족에게 큰 환난과 시험 거리였다는 사실은 성경에 잘 나타나 있습니다. 잘못된 인간관계로 롯의 후손들은 하나님을 대적하며 살육과 테러로 자신들을 증명하려는 자들로 전락했던 것입니다.

에필로그

에필로그

epilogue

　글을 마무리하면서 몇 해 전 하늘나라로 돌아가신 아버지와의 추억이 떠올랐습니다. 아버지는 어린 나이에 서울로 상경하시어 구두닦기를 시작으로 우동집 주방보조일, 자전거로 물건을 나르는 택배일까지 안 해본 일이 없으셨습니다. 다행히도 비교적 이른 시기에 번듯한 사업장을 일구셨고 큰 부자는 아니었으나 먹고 사는 데는 불편함이 없을 정도로 넉넉한 가정을 건사하셨습니다. 전형적인 한국형 자수성가의 모델이라 할 수 있습니다. 그러한 과정에서 무엇보다 감사한 건 아버지의 도움으로 어머니와 저와 형이 목회의 길을 갈 수 있게 되었다는 것입니다.

　아버지와 어머니의 신앙은 저희 형제에게 큰 본이 되었습니다. 순전하게 교회를 섬기며 충성하시는 모습은 저희 가족의 자부심이기도 했습니다. 그런데 그런 아버지께서는 두 아들을 못마땅하게 여길 때가 많으셨습니다. 목회자가 된 아들 모두 너무 나약하다는 게 이유였습니다. 자신과 다르게 개척정신이 부족하다고 느끼신 것입니다. 그래서인지 제게 아버지는 늘 가까이 다가가기 어려운 엄한 분이셨습니다. 저는 쓴소리라도 들을까 늘 노심초사하며 주변을 주뼛거리기 일쑤였습니다.

　그러던 어느 날, 그렇게 강인하셨던 아버지께서 병상에 눕게 되셨습니다. 초라해진 아버지의 모습을 보니 너무도 낯설게 느껴졌습니다. 늙고 쇠약해진 아버지를 뵐 때마다 가슴이 저며오는 아픔을 참을 수 없었습니다.

하루는 병원에서 아버지와 단둘이 하루를 보내게 될 일이 있었습니다. 그때 아버지께서는 툭하면 저를 불러 대셨습니다. 종종걸음으로 달려오면 보조 의자에 앉게 하시고는 나지막한 목소리로 자신이 살아온 지난 이야기를 들려주시곤 하셨습니다. 그때 아버지가 얼마나 행복해하셨는지 지금도 그 모습이 눈에 선합니다. 그런데 그렇게 이야기를 이어가시던 아버지께서 갑자기 어린아이처럼 울기 시작하시면서 분위기가 가라앉았습니다.

"하나님께 너무 미안해. 하나님께 한 게 너무 없어.
평생을 살면서 하나님께 죄송하다는 말밖에 한 게 없는 것 같아."

솔직히 아버지의 그 고백은 받아들이기가 어려웠습니다. 일평생 누구보다 열심히 하나님을 섬기셨고 어려운 교회들과 선교사님들께 재정적으로 많은 지원을 하며 살아오신 아버지셨기 때문입니다. 저는 자책이라 여기며 화제를 돌리려 했습니다. 그리고는 조심스럽게 아버지가 하나님께 많이 헌신했다고 위로하였습니다. 하지만 아버지는 아랑곳하지 않으시고 말씀을 이어가셨습니다.

"아니야. 아니야. 하나님께 더 많이 헌신해야 했어."

그런 아버지를 보면서 문득 제 인생의 마지막 때를 생각하게 되었습니다. 생을 마감하게 될 때 나는 어떤 생각을 하게 될까? "잘 살았다, 주님께 최선을 다했다"라며 만족할 수 있을까? 모르긴 해도 아버지와 같이 후회함이 가득하지 않을까 하는 두려움이 밀려왔습니다. 짧은 인생을 살며 열심히 목회하고 주님께서 제게 주신 사랑을 많은 이웃에게 나누며 살았다 해도 더 희생하며 섬기지 못한 것을 아쉬워하게 될 것이라는 생각에 아버지의 그 말씀이 얼마나 무겁게 다가왔는지 모릅니다.

병세는 하루가 다르게 악화하여 갔습니다. 마지막으로 얼굴을 보며 대화를 나누게 되었을 때는 작별의 시간이 다가왔음을 직감할 수 있었습니다. 그날 마지막을 피해가고 싶어 아버지의 손을 붙들고 속히 건강을 회복하고 일어나 여행을 가자며 장난을 쳤습니다. 그때 잔잔한 미소를 보이시며 제 손을 꽉 잡으시던 아버지께서는 마지막으로 제게 이렇게 당부하셨습니다.

"몸이 불편한 아이들에게 잘해줘라.
그게 하나님께 잘하는 거야."

지난 시간을 돌아보니 저는 바리새인과 다름없이 살아왔던 것 같습니다. 겉치레와 형식적인 신앙으로 더러운 속내를 숨겨왔고 하나님 앞에서 신실함이 없었습니다. 하지만 그랬던 제가 감히 구원의 확신을 얻게 되었습니다. 아니, 천국으로 갈 수 있는 길이 무엇인지를 깨달았다고 해야 옳을 것입니다. 그렇게 믿음의 확신이 생긴 이후, 삶에 많은 변화가 찾아왔습니다. 복음을 깨우쳐 내 것을 헌신하게 되면 나와 내 이웃의 배를 모두 채워 함께 평안을 누릴 수 있음을 몸소 깨닫게 된 것입니다. 저는 그것이 곧 회개의 합당한 열매요 하나님 영광의 실체라 믿습니다.

"임금이 대답하여 이르시되 내가 진실로 너희에게 이르노니 너희가 여기 내 형제 중에 지극히 작은 자 하나에게 한 것이 곧 내게 한 것이니라 하시고"

(마 25:40)

하나님!
다 갚을 수 없는 하나님의 은혜이지만
은혜 갚는 시늉이라도 하면서 살고 싶어요.
아버지의 마지막 유언처럼
가난하고 소외된 이웃과 함께하며
당신께 꼭 효도하는 아들이 될게요.
부디 어리석고 연약한 저를 떠나지 마시고
우리 함께 따뜻한 동행을 이어가요.
하나님 아버지 많이 사랑해요.